쉬운 EASY 베스트 소나티네

일신서적출판사

소나티네에 대하여

규모가 작은 소나타를 소나티네라고 합니다. 소나타에 비해 쉽고 많은 기교를 요구하지 않기 때문에 초보자나 어린이들에게 많이 연주되고 있습니다.

소나티네란 용어는 처음부터 사용된 것은 아니며 17세기 초기의 규모가 작은 소나타와 오늘날 소나타 형태를 갖춘 17, 8세기의 규모가 큰 소나타를 구분하기 위해 사용되었습니다.

소나타는 기악 독주곡 또는 실내악곡을 말하며, 보통 4개의 악장으로 구성되어 있습니다.

소나타의 구성	
	제 1악장 – 소나타 형식 (빠름)
	제 2악장 – 가요 형식 (느림)
	제 3악장 – 미뉴에트, 스케르초
	제 4악장 – 소나타 형식, 론도 형식 (매우 빠름)

소나티네는 소나타의 구성 중에서 제 3악장을 제외한 3개의 악장으로 구성되며,
곡에 따라 2개의 악장으로 구성되기도 합니다.

소나티네의 구성	
	제 1악장 – 소나타 형식 (빠름)
	제 2악장 – 가요 형식 (느림)
	제 3악장 – 론도 형식 (매우 빠름)

소나티나와 소나티네

소나티나와 소나티네는 같은 말이며 이탈리아와 영국은 소나티나, 독일과 프랑스는 소나티네라고 합니다.
우리나라에서 소나티네 중 쉽고 짧은 곡을 소나티나로 구분하고 있습니다.

악곡의 형식에 대하여

소나타 형식

소나타와 소나티네의 제1악장에 많이 쓰이는 형식으로 **제시부**, **전개부**, **재현부**, **종결부(코다)**로 이루어져 있습니다.

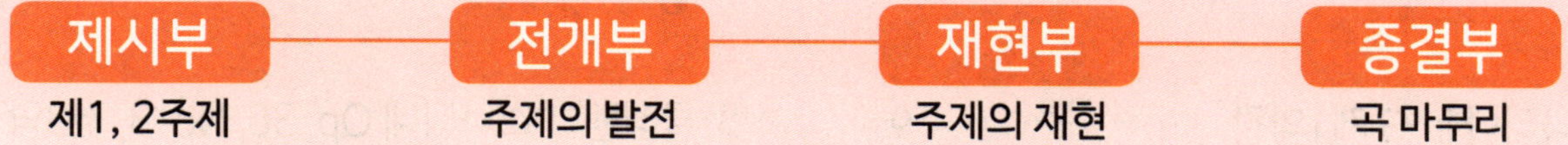

가요 형식

단순한 노래의 형식으로 두도막 형식(A+B), 세도막 형식(A+B+A), 겹세도막 형식(두도막 형식 또는 세도막 형식이 3개 합쳐진 것)등이 있습니다.

두도막 형식 A — B

세도막 형식 A — B — A

론도 형식

하나의 주제가 되풀이 되는 동안 그 사이사이에 이와 대조되는 주제를 끼워 연주하는 형식을 말합니다.

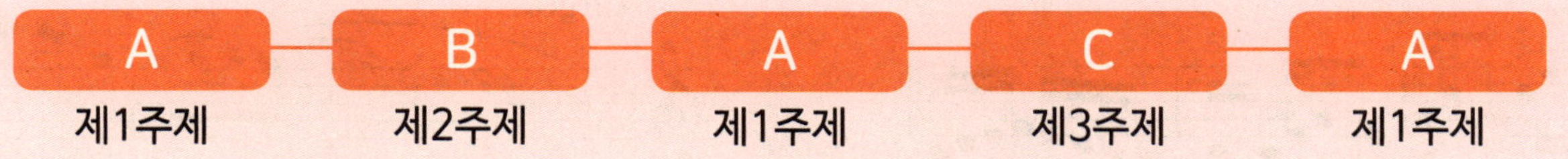

 Contents

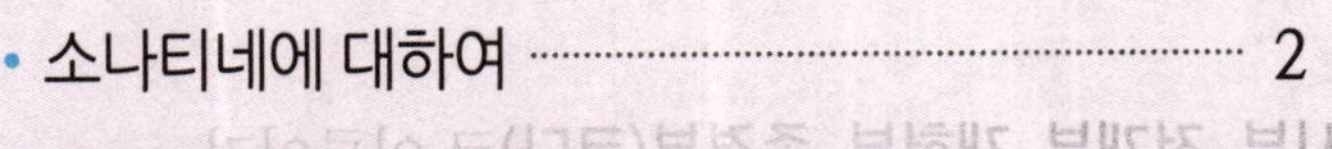

작곡가에 대하여

사무엘 웨슬리 Samuel Wesley 1766 - 1837년

영국의 오르간 연주자이자 작곡가였습니다. 지휘자와 음악 교사로 활동했으며 모차르트와 동시대 사람로 '영국의 모차르트'라고 불리기도 했습니다. 감리교 창시자인 존 웨슬리의 조카이며 교회를 위한 작품이 많습니다.

토마스 애트우드 Thomas Attwood 1765년 - 1838년

영국에서 태어난 작곡가이자 오르간 연주자였습니다. 음악 공부를 위해 이탈리아의 나폴리로 유학을 하였으며 1823년 영국 왕립 음악원이 설립된 직후 교수로 선출되었고 교회 음악을 많이 작곡하였는데 그의 작품은 스승인 모차르트의 영향을 받았습니다.

토비아스 하슬링거 Tobias Haslinger 1787년 - 1842년

오스트리아의 작곡가이자 음악출판 사업자였습니다. 베토벤과 친구이기도 하였으며 그의 작품은 학생 교육용으로 알려지고 있습니다. 베토벤, 모차르트, 슈베르트, 쇼팽 등의 작품을 출판하며 많은 명곡들을 세상에 알리는데 공헌 하였습니다.

무치오 클레멘티 Muzio Clementi 1752 - 1832년

이탈리아의 로마에서 태어난 피아니스트 겸 작곡가, 교육자입니다. 건반 악기와 작곡을 공부했으며 영국으로 건너가 피아노 연주와 오페라 지휘자로 활동했습니다. 베토벤은 클레멘티의 소나타를 좋아하였으며 그의 영향을 많이 받았다고 합니다.

프랭크 라인스 Frank Lynes 1858 - 1913년

미국의 작곡가이자 교사로 뉴잉글랜드 음악원과 라이프치히 음악원에서 공부했습니다. 학생들을 가르치기 위해 작곡한 피아노 작품들이 알려져 있으며 그의 소나티나는 유사 작품을 연상시키는 보수적인 클래식 스타일입니다.

벤자민 카 Carr, Benjamin 1768 - 1831년

영국 런던에서 태어났으며 오르간과 작곡을 공부했습니다. 미국의 필라델피아에 정착하여 작곡가 겸 가수, 노래 교사로 활동하며 가톨릭 교회와 성공회에서 오르가니스트와 합창단장으로 이름을 알렸습니다. 현재는 필라델피아 음악의 아버지로 알려져 있습니다.

볼프강 아마데우스 모차르트 Wolfgang Amadeus Mozart 1756 - 1791년

오스트리아의 잘츠부르크에서 태어났으며 다섯 살 때부터 작곡을 하고 아버지와 함께 유럽 연주 여행을 다니며 음악 신동으로 유명해졌습니다. 짧은 생애에도 불구하고 음악적 천재성으로 600곡 이상의 작품을 남겼으며, 지금도 그의 작품은 많은 사랑을 받고 있습니다.

프리드리히 쿨라우 Friedrich Daniel Rudolf Kuhlau 1786 - 1832년

독일의 율첸에서 태어난 피아니스트 겸 작곡가입니다. 어린 시절 사고로 한쪽 눈을 잃었으며 1810년 덴마크로 귀화하여 피아노 교사와 작곡가로 활동했습니다. 왕실 관현악단의 플루트 주자와 궁정 작곡가로 임명 받았으며 1828년에는 교수의 칭호를 받았습니다.

장 테오도르 라투르 Jean Theodore Latour 1766 - 1837년

라투르에 대한 기록은 없지만 프랑스의 피아니스트이자 작곡가로 알려져 있습니다. 피아노를 배우는 학생들을 위해 많은 피아노 소나티나를 작곡했으며 훗날 영국의 조지 4세가 된 섭정 왕자의 공식 피아니스트로 임명되었다고 합니다. 현재 그의 작품 중 알려진 것은 많지 않습니다.

음악 용어

■ 빠르기말

쓰기	**Adagio**	**Andante**	**Andantino**	**Moderato**	**Allegretto**	**Allegro**	**Vivace**	**Presto**
읽기	아다지오	안단테	안단티노	모데라토	알레그레토	알레그로	비바체	프레스토
뜻	매우 느리게	느리게	조금 느리게	보통 빠르기로	조금 빠르게	빠르게	매우 빠르게	매우 빠르게

■ 셈여림표

쓰기	*pp*	*p*	*mp*	*mf*	*f*	*ff*	*cresc.*	*decresc.*
읽기	피아니시모	피아노	메조 피아노	메조 포르테	포르테	포르티시모	크레셴도	데크레셴도
뜻	매우 여리게	여리게	조금 여리게	조금 세게	세게	매우 세게	점점 세게	점점 여리게

■ 악상기호

쓰기	읽기	뜻	쓰기	읽기	뜻
>, ∧	악센트	그 음을 특히 세게	*non tanto*	논 탄토	너무 지나치지 않게
a tempo	아 템포	본래의 빠르기로	*poco a poco*	포코 아 포코	조금씩 점점
dim.	디미누엔도	점점 여리게	*rallent.*	랄렌탄도	점점 느리게
rit.	리타르단도	점점 느리게	*scherz.*	스케르찬도	익살스럽게
fz	포르찬도	그 음을 특히 세게	*simile*	시밀레	똑같은
sf	스포르찬도	그 음을 특히 세게	*accel.*	아첼레란도	점점 빠르게
con spirito	콘 스피리토	힘차게	*assai*	앗사이	매우, 아주
dolce	돌체	부드럽게	♩	스타카토	음을 짧게 끊어서
grazioso	그라지오소	우아하게	¢	알라 브레베	2/2박자
leggiero	레지에로	가볍고 우아하게	*poco*	포코	약간, 조금
ma non troppo	마 논 트로포	너무 빠르지 않게	*sempre*	셈프레	항상, 계속
molto	몰토	매우	*tempo*	템포	빠르기

라투르 소나티나

Sonatina in G 제1악장

빠르기 : **Allegro Moderato** (알레그로 모데라토, 적당히 빠르게)

박자 : **C** ($\frac{4}{4}$박자)

형식 : 소나타 형식

제시부	전개부	재현부
주제 제시	주제의 발전	주제의 재현

주요 연습

- 제시부의 ***mp***(조금 여리게)와 전개부의 ***p***(피아노)를 구분하여 표현하도록 합니다.
- 슬러와 스타카토가 확실히 구분되도록 합니다.

Latour Sonatina

Allegro moderato

Sonatina in G 제1악장

10

밝은 느낌으로 연주하되 슬러와 스타카토는 확실히 구분합니다.
① 슬러 끝부분에 스타카토가 있을 경우 악센트가 들어가지 않도록 살짝 끊어줍니다.
손가락 번호에 주의하여 정확하게
왼손 겹음은
소리가 고르게 들리도록
재현부

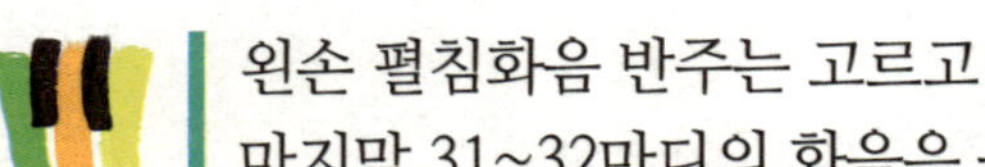 왼손 펼침화음 반주는 고르고 가볍게 연주합니다.
마지막 31~32마디의 화음은 음들이 동시에 잘 들리도록 정확히 연주합니다.

애트우드 소나티나
Sonatina in G 제1악장

빠르기 : **Allegro** (알레그로 , 빠르게)

박자 : **C** ($\frac{4}{4}$박자)

형식 : 소나타 형식

제시부	전개부	재현부
주제 제시	주제의 발전	주제의 재현

주요 연습

- 오른손 멜로디보다 왼손 반주가 크지 않도록 주의합니다.
- 꾸밈음은 정확한 박자에 고르게 들리도록 연습합니다.

Attwood Sonatina

Allegro

14

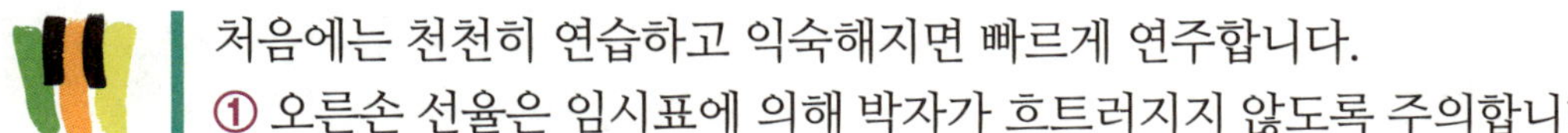

처음에는 천천히 연습하고 익숙해지면 빠르게 연주합니다.
① 오른손 선율은 임시표에 의해 박자가 흐트러지지 않도록 주의합니다.

16마디까지 자연스럽게 점점 커지도록
경과구
재현부
4마디처럼

 효과적인 연습 방법

1. 연습 방법의 분류

1) 부분 연습과 전체 연습

한 곡을 10번 연습하는 것보다 한 프레이즈를 10번 연습하는 것이 효과적입니다. 어려운 부분을 따로 연습하되 리듬을 바꾸거나 악센트를 넣어보는 등의 방법으로 연습한 후 전체 연습을 하면 많은 도움이 됩니다.

2) 느린 연습과 빠른 연습

악보를 보는 단계에서는 느린 연습으로 정확하게 연주합니다. 느린 연습 이후에는 악곡에 지시된 템포대로 빠르게 치도록 노력해야 합니다.

2. 효과적인 연습 방법

1) 두뇌 작용이 동반된 상태에서 집중해서 연습해야 효과적입니다.

2) 올바른 연습법을 통하여 적절하게 지도 받아야 합니다.

3) 연습은 혼자서 창의적으로 하고 연습 결과도 스스로 평가합니다. 그러나 연령층이 낮은 어린이들은 어려움을 느끼지 않도록 함께 연습하는 것이 좋습니다.

3

Sonatina in F 제1악장

빠르기 : **Allegretto** (알레그레토, 조금 빠르게)

박자 : $\frac{6}{8}$ 박자

형식 : 세도막 형식

주요 연습

- $\frac{6}{8}$ 박자이지만 점4분음표(♩.)를 1박으로 하여 한 마디를 2박의 느낌으로 연습합니다.
- 페달은 밟고 띄는 위치를 정확히 지키고 소리가 지저분하지 않도록 주의합니다.

Attwood Sonatina

Allegretto

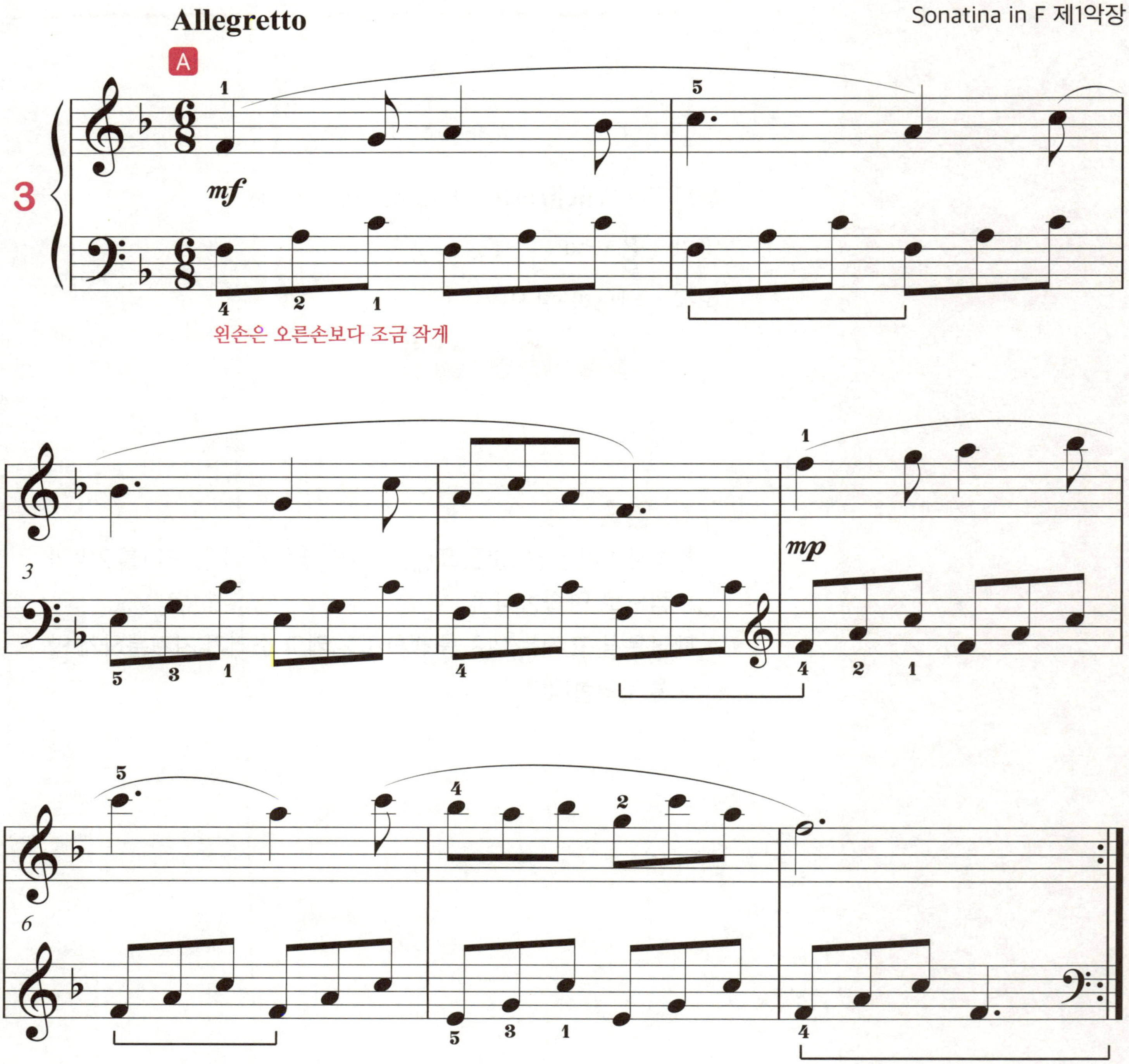

 처음에는 천천히 연습하고 익숙해지면 점4분음표( )를 1박으로 하여 빠르게 연습합니다.
① 오른손의 진행은 음을 정확히 하고 박자가 흐트러지지 않게 주의하세요.
② 계속되는 페달로 인해 연주가 지저분하게 들리지 않도록 페달을 밟고 띄는 것을 정확히 합니다.

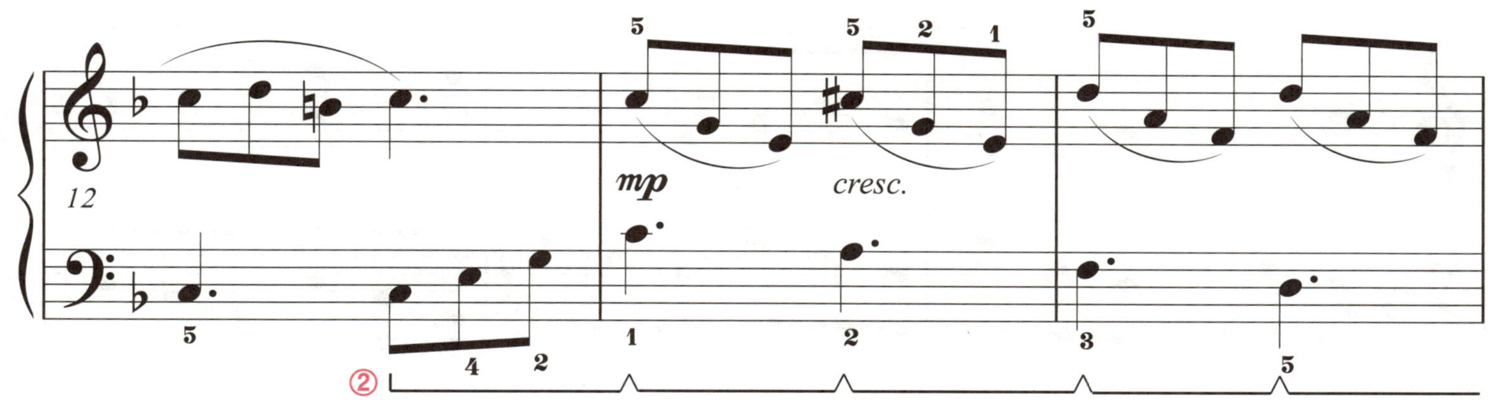

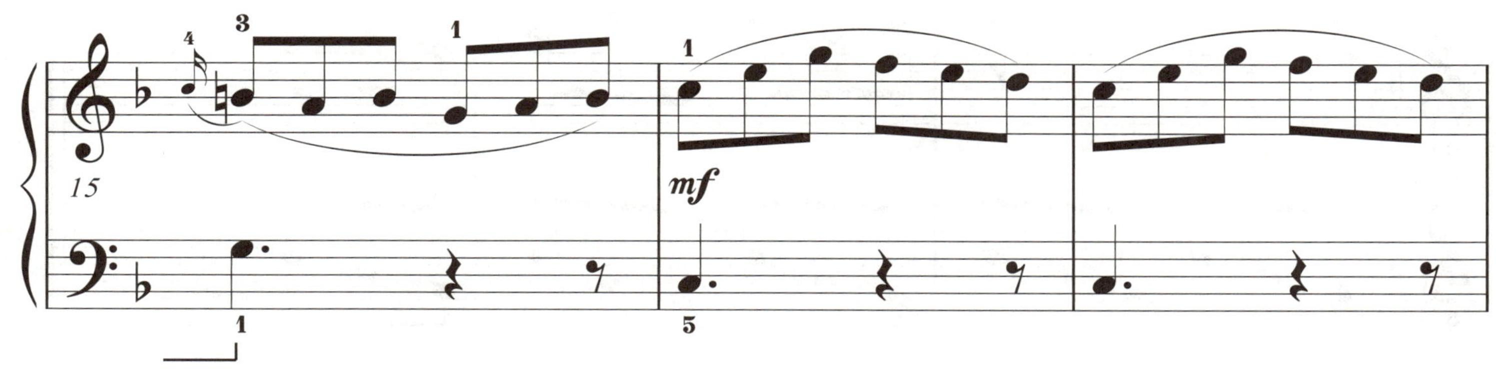

 22마디의 반복되는 A 부분은 첫 A 부분과 다르게 *mp*(메조 피아노)로 연주합니다.
② 하행하면서 조금씩 점점 여리게 표현하는 것에 주의하세요.

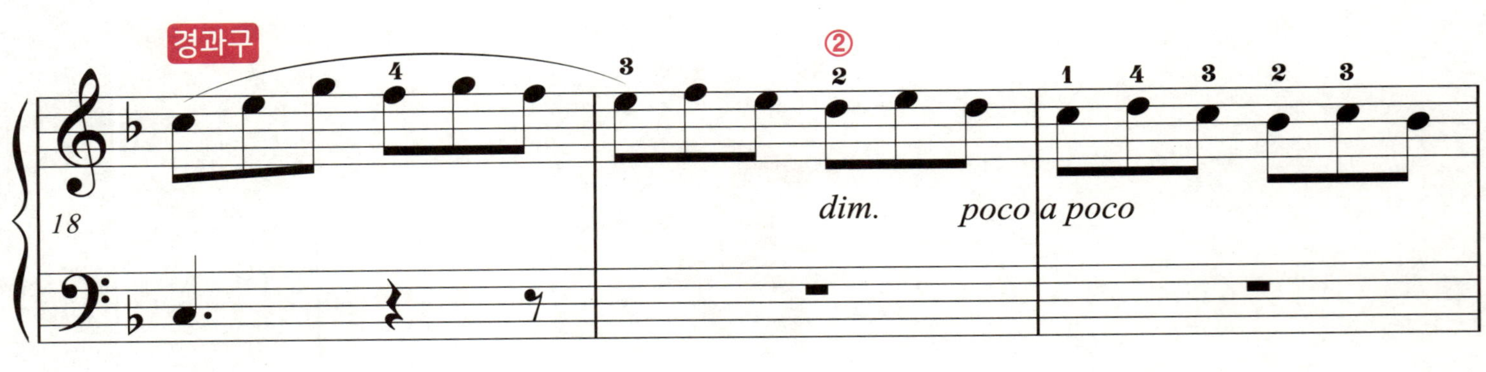

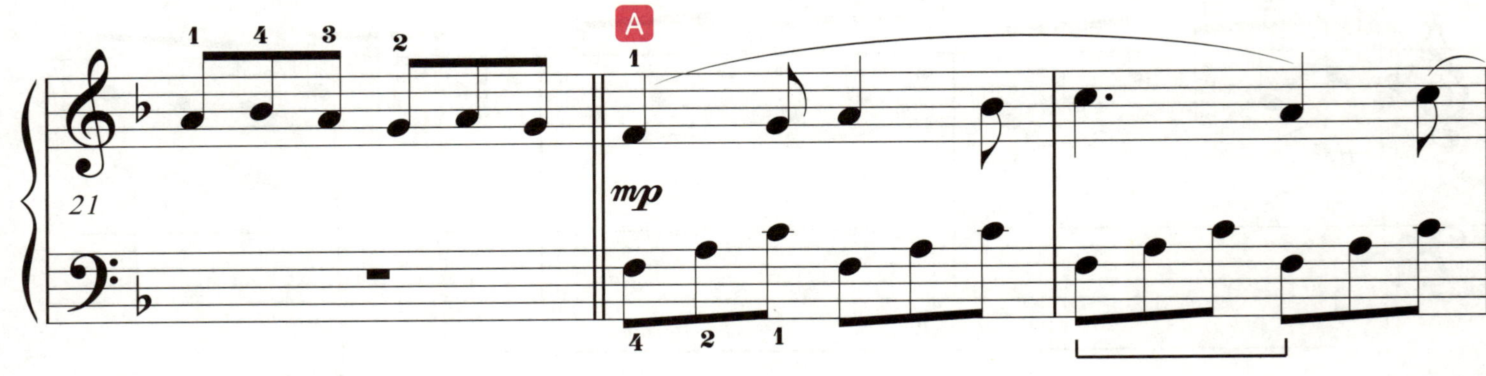

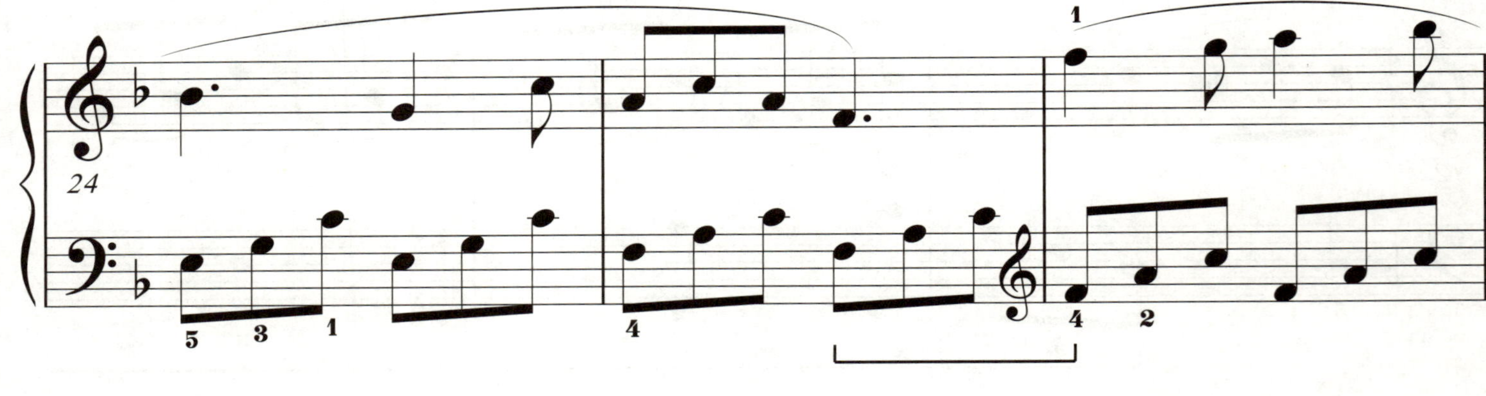

20

4

라인스 소나티나
Op. 39, No. 1 제1악장

빠르기 : **Allegro** (알레그로, 빠르게)

박자 : $\frac{2}{4}$ 박자

형식 : 소나타 형식

제시부	전개부	재현부	코다
주제 제시	주제의 발전	주제의 재현	곡 마무리

주요 연습

- 밝고 경쾌한 분위기의 곡 느낌을 잘 표현합니다.
- 16분음표의 리듬을 정확히 지켜서 연습합니다.

Lynes Sonatina

① 리듬은 가벼운 느낌으로 정확히 연주합니다.
② 반복되는 리듬은 각각의 음이 정확히 들리도록 주의하세요.

15
p
cresc.
재현부
p
18
21
25
mf

33~36마디는 스케일(음계) 연습처럼 가볍고 정확하게 연주합니다.

코다 는 오른손 화음은 정확하게, 왼손은 오른손 화음보다 조금 작게 연주합니다.

24

5

벤자민 카 소나티나
Sonatina in F

빠르기 : **Allegretto** (알레그레토, 조금 빠르게)

박자 : $\frac{2}{4}$ 박자

형식 : 세도막 형식

주요 연습

- 셈여림표의 변화가 잘 나타나도록 연습합니다.
- 악센트(>)는 힘있게 강조하되 소리가 지저분하지 않도록 주의합니다.

Carr Sonatina

① 옥타브 위로 반복되는 부분으로 **p**(여리게) 연주하는 것에 주의합니다.
② 각 음이 어우러져 잘 들리도록 하되 힘있게 강조하여 연주합니다.

 음계 연습 1

음계(Scale, 스케일)을 치면서 깨끗하고 고르게 치라는 말을 수없이 들었을 것입니다. '깨끗하고 고르게'란 뜻은 무엇일까요?

1) **음의 크기를 일정하게 치는 것을 의미합니다.**
   건반을 누를 때, 손가락에 들어가는 힘의 분배가 중요하며 건반을 누르는 속도 또한 동일해야 합니다.

2) **음의 터치를 같게 치는 것을 의미합니다.**
   타건 이후 건반으로부터 손을 떼는 것을 일률적으로 해야 하며 손가락과 손가락 사이의 간격이 일정하도록 손을 모아 줍니다.

3) **음의 색깔을 한결같게 치는 것을 의미합니다.**
   손을 구부린 상태에서 건반에 닿는 손끝은 같은 부분으로 쳐야 하며, 손끝이 닿는 건반의 위치도 가운데 부분을 눌러야 합니다.

4) **음의 성질을 동일하게 치는 것을 의미합니다.**
   날카로운 소리인지 부드러운 소리인지를 잘 들으며 쳐야 하며, 타건 전에 건반 위에 손가락을 미리 준비하는 것이 필요합니다.

6

클레멘티 소나티네
Op. 36, No. 1 제3악장

빠르기 : **Vivace** (비바체, 매우 빠르게)
박자 : $\frac{3}{8}$ 박자
형식 : 겹두도막 형식

주요 연습

- 처음에는 한 마디를 3박으로 천천히 연습하지만 나중에는 한 마디를 1박의 느낌으로 연주합니다.
- 오른손 음계는 박자가 정확하도록 주의하고 처음에는 오른손만 천천히 연습합니다.

Clementi Sonatine

 경쾌하고 밝은 느낌의 곡으로 슬러와 스타카토를 정확히 구분하여 연주합니다.

① 약간 *rit.* 느낌으로 연주하고 다음 마디에서 *a tempo*로 연주합니다.

② 매우 여리게 치지만 정확하게, ③ 세게 치지만 스타카토가 너무 강하지 않게 주의합니다.

 ④ 손가락 번호에 유의하고 박자가 흐트러지지 않도록 주의합니다.
⑤ 코다의 화음은 음이 동시에 들리도록 정확히 연주합니다.

7

클레멘티 소나티네

Op. 36, No. 1 제1악장

빠르기 : **Allegro** (알레그로, 빠르게)

박자 : ¢ ($\frac{2}{2}$박자)

형식 : 소나타 형식

제시부	전개부	재현부
제1, 2주제	주제의 발전	주제의 재현

주요 연습

- 2/2박자의 곡이므로 2박의 느낌을 살려서 연주합니다.
- 오른손 부분은 따로 연습하여 선율의 흐름이 끊기지 않도록 합니다.(12~15마디, 35~끝마디)

Clementi Sonatine

전개부에서는 단조의 느낌을 살려 연주하고 임시표에 주의합니다.
① 왼손 멜로디가 잘 들리도록 하고 오른손은 조금 작게 하되 고르게 연주합니다.

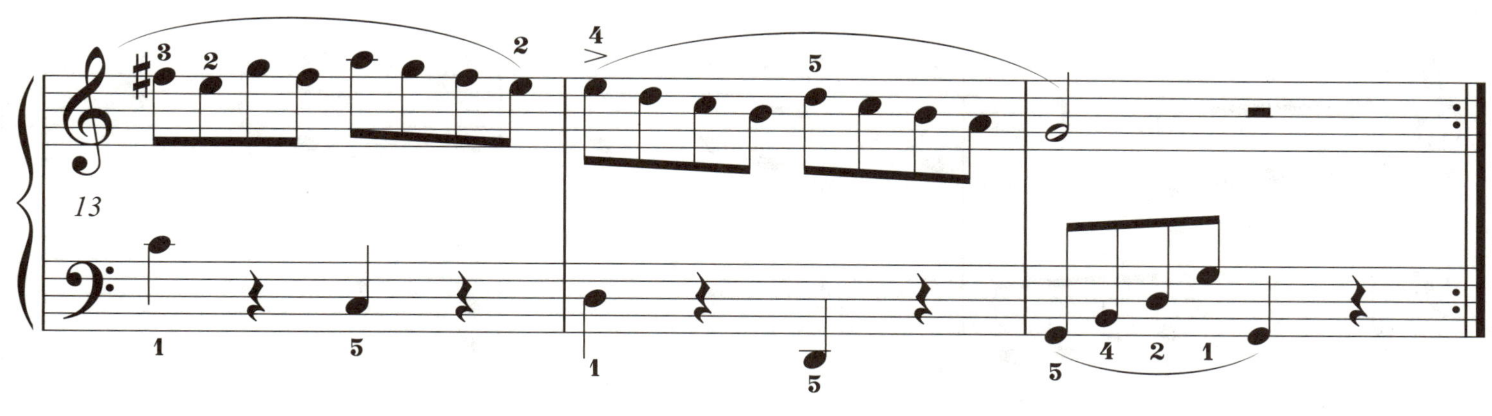

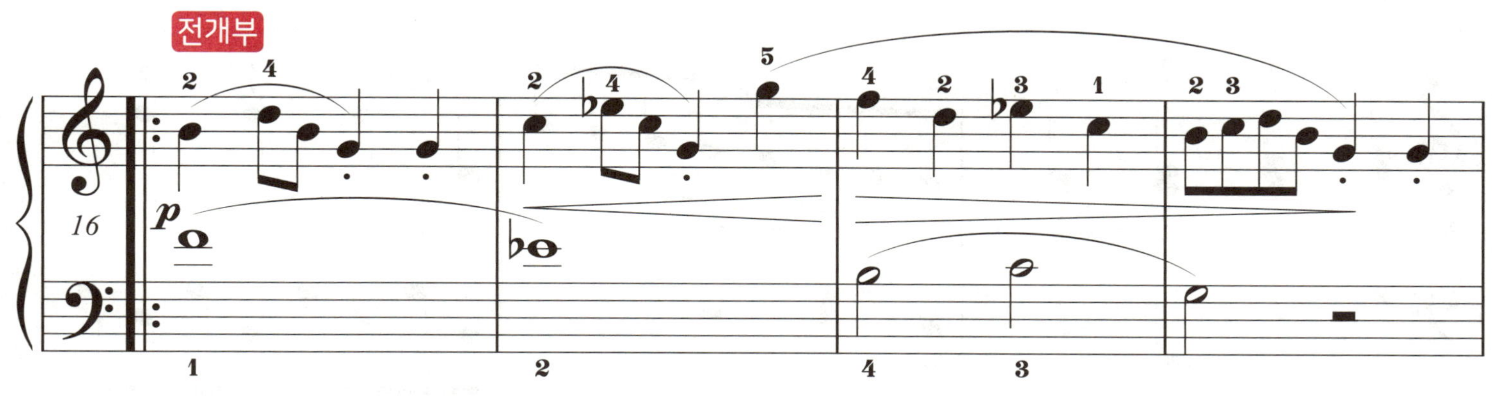

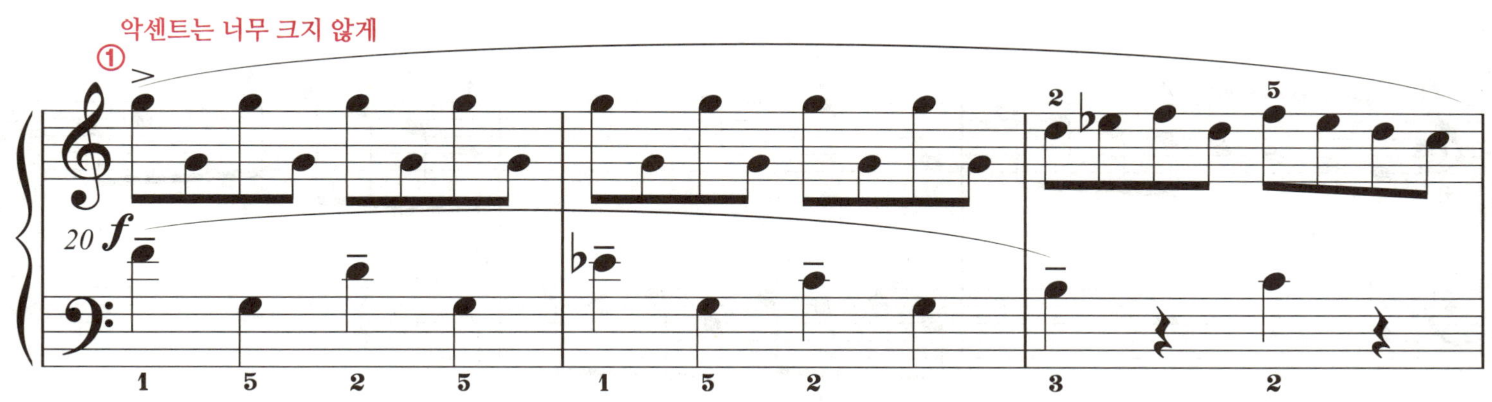

② 스타카토 겹음이 동시에 울리도록 주의하며 연주합니다.
③ 손가락 번호에 주의하며 박자를 정확히 지킵니다.

8

클레멘티 소나티네
Op. 36, No. 3 제3악장

빠르기 : **Allegro** (알레그로, 빠르게)
박자 : $\frac{2}{4}$ 박자
형식 : 겹두도막 형식

A	B	A	B'	코다

주요 연습

- 오른손 멜로디는 레가토로 부드럽게, 왼손 겹음 반주는 스타카토로 짧게 표현합니다.
- 반복되는 옥타브 음들은 고르게 들리도록 주의합니다.

Clementi Sonatine

 ①, ③ 리듬은 흐트러지지 않도록 주의하여 연주합니다.
② 첫 음은 약간 강조하고 겹음 스타카토는 가볍게 끊어서 연주합니다.

④ 악센트는 너무 세지 않게 주의합니다.

⑤ 스타카토를 정확히 표현하되 밝은 느낌으로 연주합니다.

⑥ 밝은 느낌으로 연주합니다. (*mf* 정도의 셈여림으로 연주해도 좋습니다.)

⑦ *poco a poco dim.*(포코 아 포코 디미누엔도) – 조금씩 점점 여리게

⑧ 악센트가 있는 스타카토 겹음이지만 오른손 멜로디보다 크지 않도록 주의합니다.

9

쿨라우 소나티네

Op. 55, No. 1 제1악장

빠르기 : Allegro (알레그로, 빠르게)

박자 : C ($\frac{4}{4}$박자)

형식 : 소나타 형식

제시부	전개부	재현부
제1, 2주제	주제의 발전	주제의 재현

주요 연습

- 제1주제는 밝고 경쾌하게, 제2주제는 레가토로 표현합니다.
- 조가 바뀌는 전개부는 제시부와 다른 느낌으로 표현합니다.

Kuhlau Sonatine

① 스타카토 연주시 손목을 이용하여 짧게 연주합니다.
② 2분음표 첫 음은 손목의 무게를 주면서 누르되 손목을 올려줍니다.
③ 4분음표의 길이를 지켜서 정확한 박자로 연주합니다.

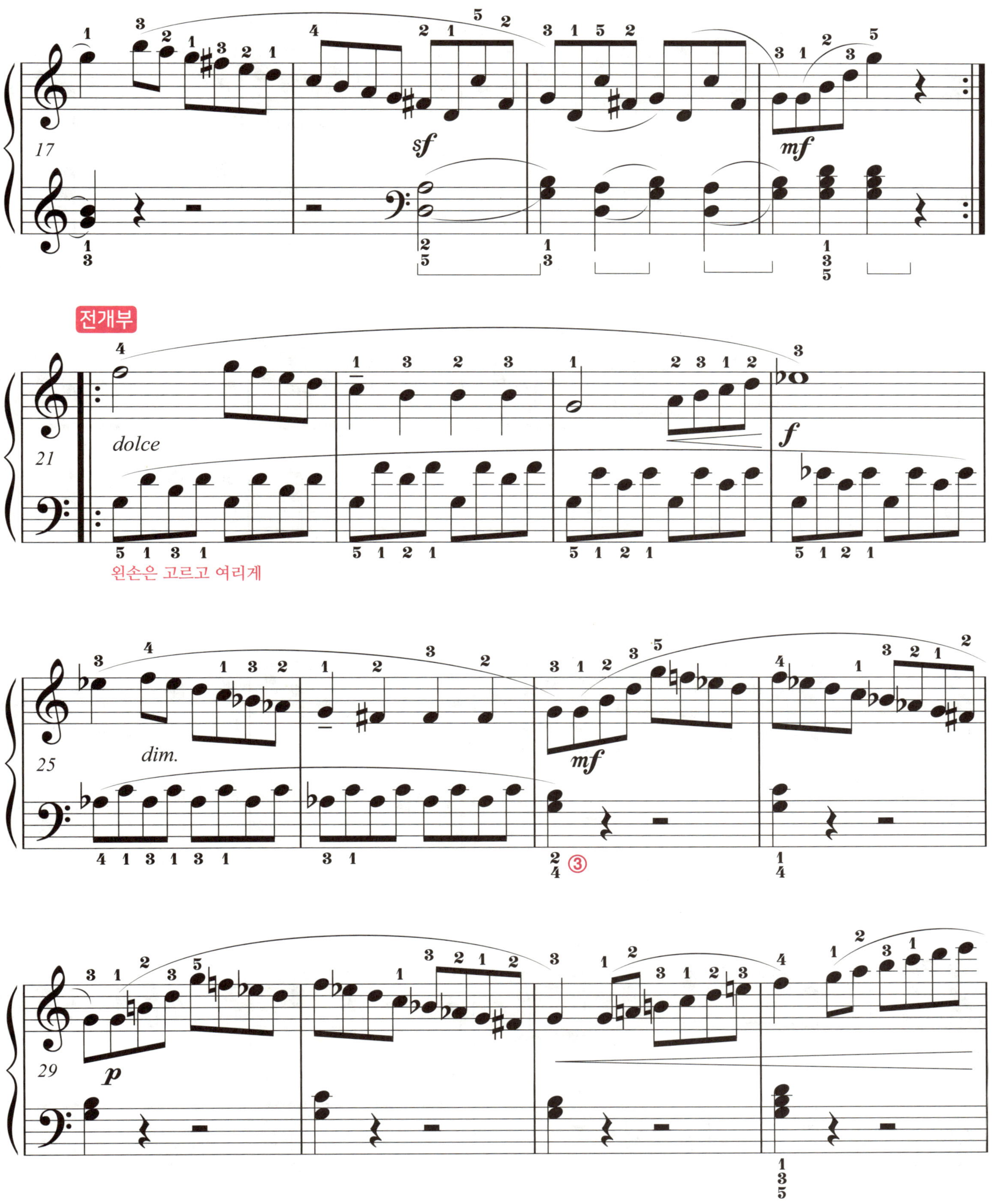

전개부
dolce
왼손은 고르고 여리게
dim.

④ 당김음의 리듬을 정확히 지켜서 연주합니다.
⑤ 스타카토는 가볍고 탄력있게 연주합니다.

재현부 제1주제
손가락 번호에 주의하기
cresc.

46

⑥ 높은 음역의 제2주제가 선명하게 들리도록 합니다.

⑦ 왼손 화음이 고르게 들리도록 주의합니다.

음계 연습 2

1. 음계와 손목

음계 연습시 손목은 팔꿈치에서부터 손을 병행되게 하는 것이 기본
입니다. 오른손의 하행 음계에선 팔꿈치를 약간 오른쪽으로, 왼손의
상행 음계에선 팔꿈치를 약간 왼쪽으로 돌려주어야 합니다. 팔꿈치
를 몸에 가까이 붙이지 말고 여유 있게 간격을 유지하는 것이 좋습
니다. 또 상행 음계에서는 ＜＜(크레센도)가 되고 하행 음계에서
는 ＞＞(데크레센도)가 되는 것이 일반적입니다. 따라서 상행할
때는 몸이 오른쪽으로 따라가고 하행할 때는 몸이 왼쪽으로 움직여
집니다.

2. 손가락 바꾸기

먼저, 엄지 손가락을 손바닥 안으로 넣는 연습을 할 때는 팔을 돌리지
말고 손목을 낮게 하여 엄지 손가락만 안으로 넣도록 합니다.
그 다음, 엄지 손가락 위를 3, 4번 손가락이 덮어 내려가는 연습을 할
때는 엄지 손가락에 힘을 주지 말고 손목을 유연하게 움직여 재빨리
3, 4번 손가락으로 이동합니다.

10

쿨라우 소나티네
Op. 55, No. 1 제2악장

빠르기 : **Vivace** (비바체, 매우 빠르게)

박자 : $\frac{3}{8}$ 박자

형식 : 론도 형식

주요 연습

- A, B 부분은 밝고 경쾌하게, C 부분은 부드럽게 연주합니다.
- 같은 멜로디가 반복되는 부분은 셈여림을 다르게 표현합니다.

Kuhlau Sonatine

① 오른손 스타카토 겹음은 멜로디인 윗성부가 또렷하게 들리도록 연주합니다.
② 반음계 연주시 박자가 흐트러지지 않도록 주의합니다.
③ 4개의 음이 동시에 고르게 들리도록 주의합니다.

C 부분은 앞 부분과는 다르게 부드러운 느낌으로 연주합니다.
dolce(돌체) – 부드럽게, espressivo(에스프레시보) – 감정적으로 풍부하게
④ 오른손보다 조금 작게하고 부드럽게 연주합니다.

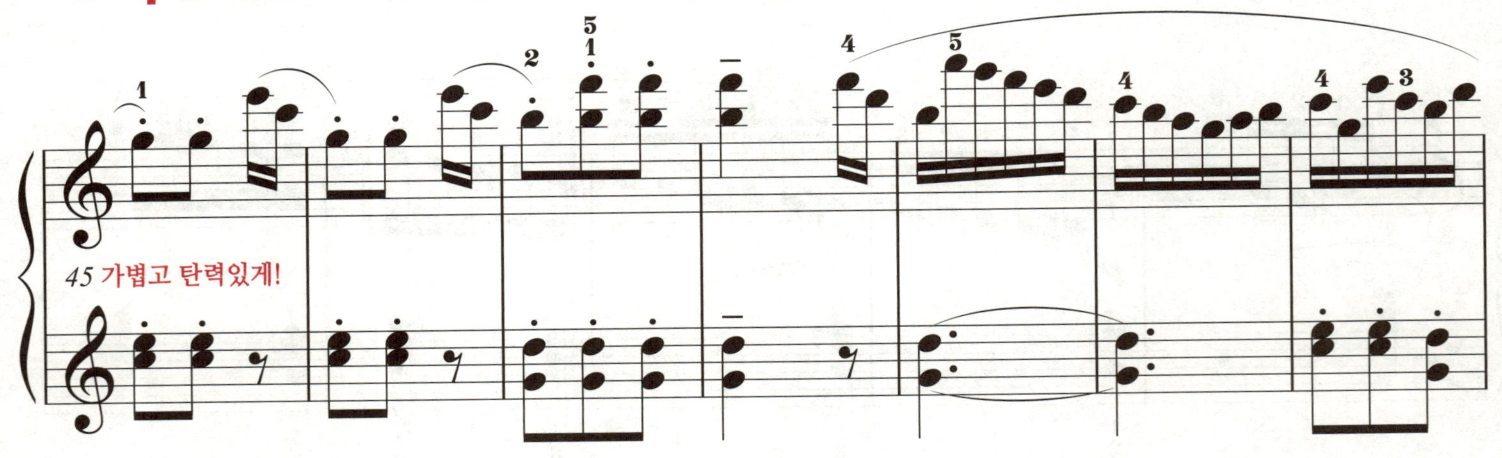

45 가볍고 탄력있게!

C espressivo
52
dolce
④5

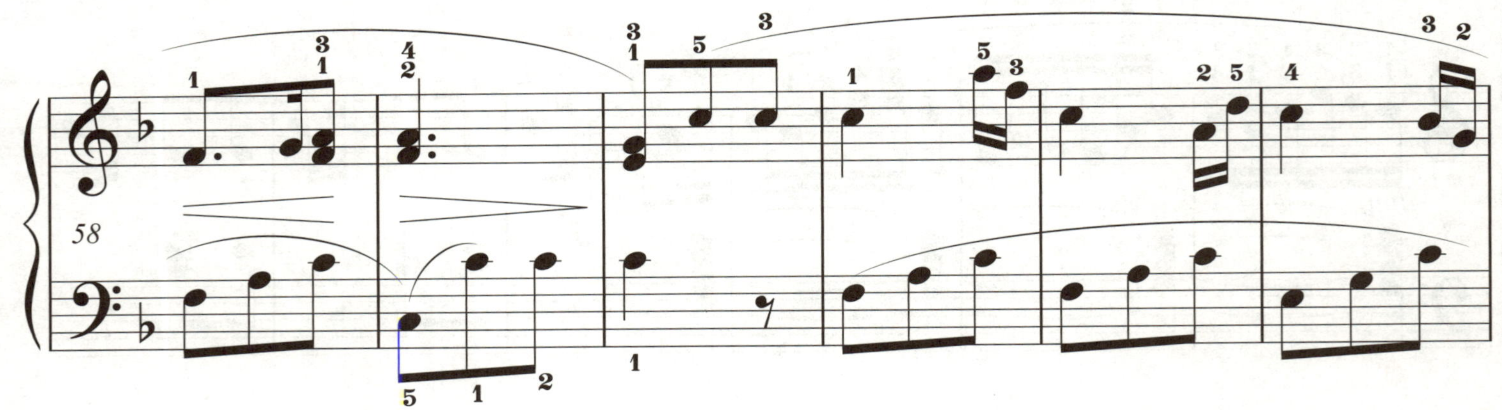

58

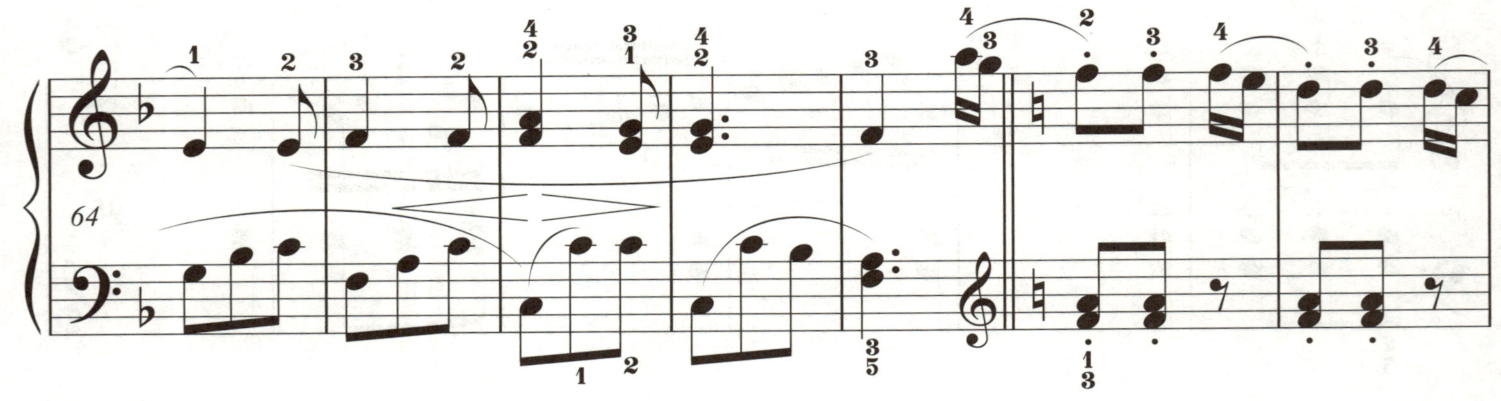

64

⑤ ♪ ♪ 의 리듬과 75마디의 붙임줄 길이가 정확하도록 주의합니다.

⑤
A
71
p 77
B'
83
각각의 음이
고르게 들리도록
sf
89
sf
f

⑥ 앞 49p의 ② 처럼 박자가 흐트러지지 않게 주의합니다.
⑦ 셋잇단음표(♫) 리듬을 정확하게 지켜서 연주합니다.

54

11

쿨라우 소나티네
Op. 20, No. 1 제1악장

빠르기 : **Allegro** (알레그로, 빠르게)

박자 : **C** ($\frac{4}{4}$박자)

형식 : 소나타 형식

제시부	전개부	재현부	코다
제1, 2주제	주제의 발전	주제의 재현	곡 마무리

주요 연습

- 오른손과 왼손에 멜로디가 번갈아 나오므로 멜로디를 잘 살려서 연주합니다.
- 셋잇단음표가 나오는 부분은 리듬이 느려지지 않도록 주의합니다.

Kuhlau Sonatine

 ① 왼손은 고르고 가볍게 연주합니다.
② 16마디까지 왼손이 멜로디이므로 오른손이 더 크게 들리지 않도록 주의합니다.
③ 16분음표의 리듬이 흐트러지지 않게 정확히 연주합니다.

 ④ 앞의 16분음표에서 8분음표로 바뀌므로 박자가 빨라지지 않도록 주의합니다.
⑤ 왼손 선율의 흐름을 느끼며 오른손 스타카토를 연주합니다.

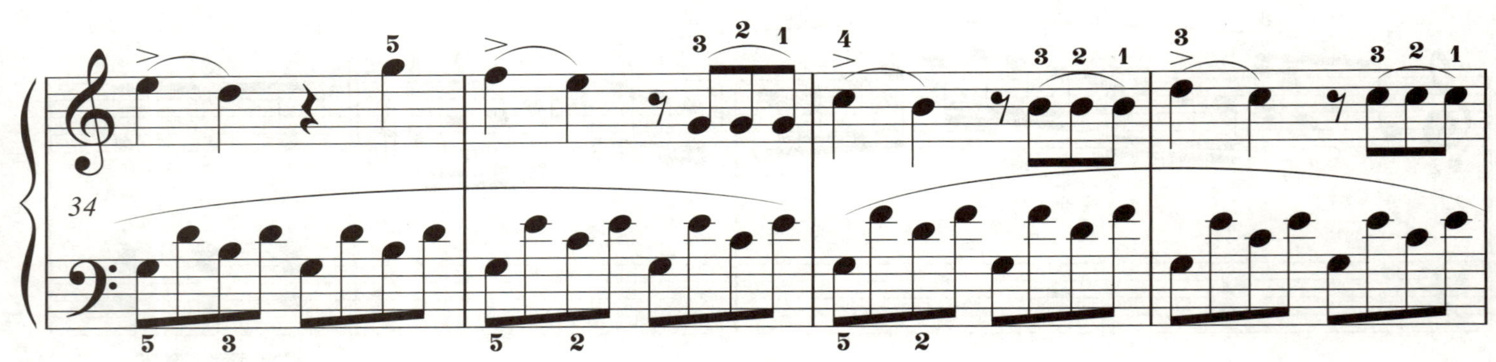

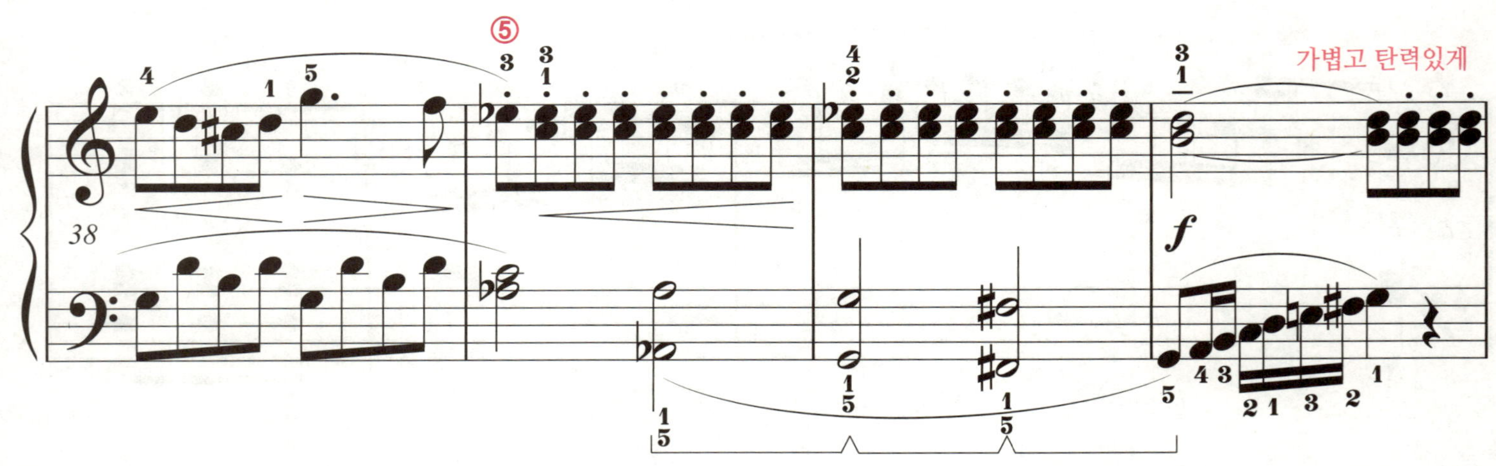

⑥ 리듬 뒤에 나오는 4분음표의 길이가 짧아지지 않도록 주의합니다.
⑦ 첫 박의 악센트는 너무 강하지 않게 하고 정확한 박자에 맞춰 연주합니다.

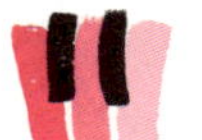

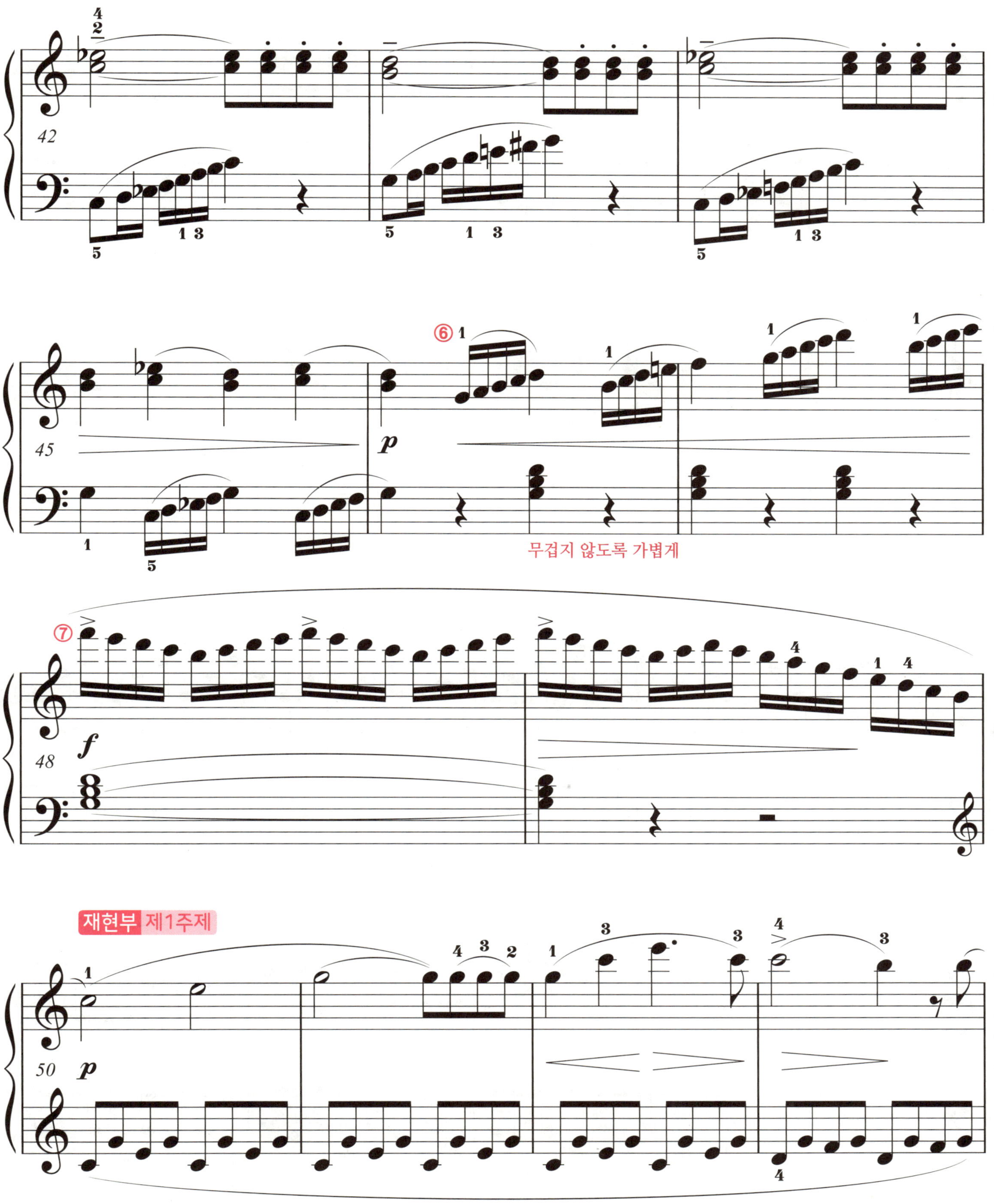
42
45
⑥
무겁지 않도록 가볍게
⑦
48
재현부 제1주제
50

⑧ 왼손 멜로디는 살리고, 오른손은 조금 작게 연주합니다.

 ⑨ 박자가 흐트러지지 않게 주의하고 뒤의 스타카토는 자신감 있게 강하게 연주합니다.
⑩ 페달은 너무 길게 누르지 않도록 주의하여 연주합니다.

 원을 그리듯 손목 돌리기

아르페지오 등을 연주할 때, 오른손은 시계 반대 방향으로 원을 그리듯 돌리고 왼손은 시계 방향으로 원을 그리듯 돌립니다.

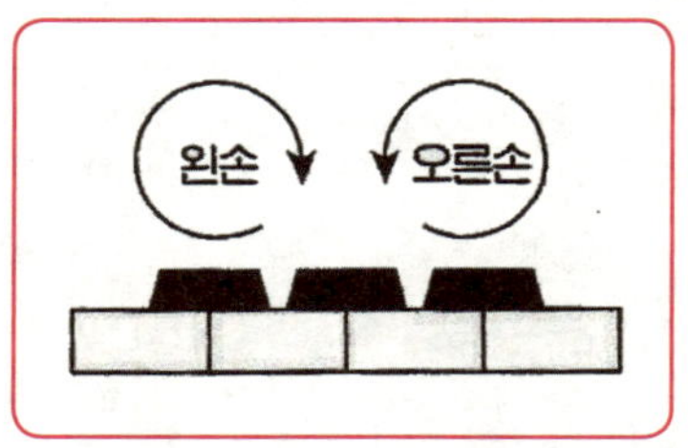

오른손의 경우 손목을 낮은 위치에서 시작하여 오른쪽 위로 올라가다가 왼쪽 아래 방향으로 움직이는 것입니다. 이 동작은 올라가는 음들과 내려오는 음들, 점점 커졌다 작아지는 음들을 표현할 때 많이 사용합니다.
왼손의 경우는 아르페지오를 칠 때 손목을 시계 방향으로 돌리면 매끄럽고 쉽게 칠 수 있습니다. 그러나 손목을 돌려서 칠 때 손목의 움직임에만 신경을 쓰면 손끝의 무게가 달라지거나 감각이 흐트러질 수 있으니 주의하기 바랍니다.

12

쿨라우 소나티네
Op. 55, No. 2 제1악장

빠르기 : **Allegretto** (알레그레토, 조금 빠르게)

박자 : $\frac{3}{4}$ 박자

형식 : 소나타 형식

제시부	전개부	재현부	코다
제1, 2주제	주제의 발전	주제의 재현	곡 마무리

주요 연습

- 2개의 주제를 부드럽게 표현합니다.
- 셋잇단음표와 반복되는 16분음표 리듬은 박자를 정확하게 지켜서 연주합니다.

Kuhlau Sonatine

① 프레이즈를 2마디씩 나누지 말고 4마디를 하나의 프레이즈로 생각하고 연주합니다.
② 새로운 느낌으로 부드럽게 연주합니다.

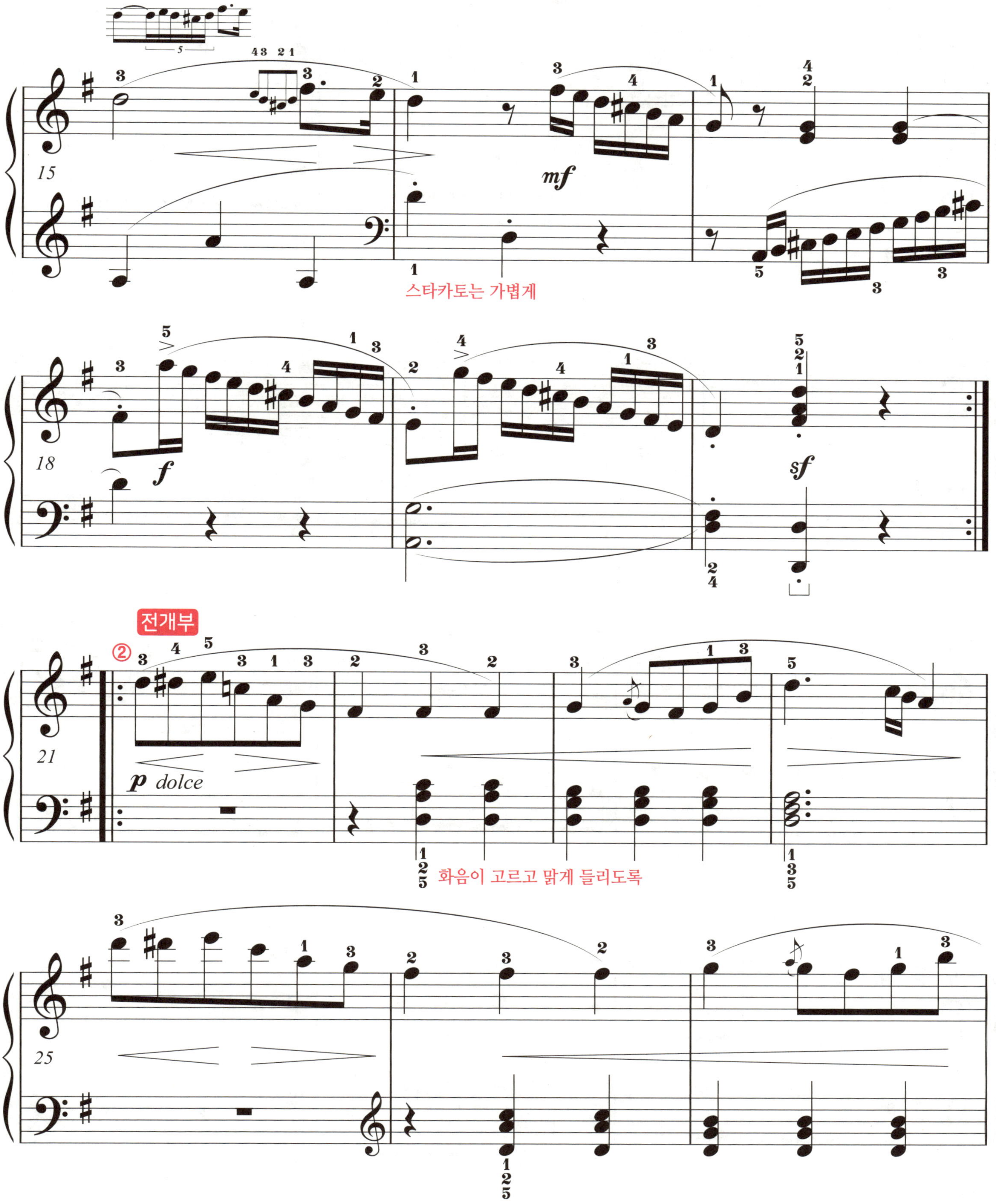

스타카토는 가볍게
전개부
화음이 고르고 맑게 들리도록

③ 같은 멜로디가 반복할 때, 셈여림이 확실하게 비교되도록 연주합니다.

④ 점4분음표 길이를 정확히 지키고 이어지는 16분음표도 박자가 흐트러지지 않도록 주의합니다.

⑤ 4분음표 첫 음이 악센트가 되지 않도록 주의합니다.
⑥ 8분쉼표의 길이를 정확히 지키고 그 다음의 음계를 연주합니다.

제2주제
셋잇단음표의 리듬을 살리기
⑤
코다
⑥
박자를 지켜서

 기본적인 악상 기호의 연주법

1. 레가토 (⌣)

부드럽게 이어서 연주하라는 뜻으로 손목을 유연하게 하면서 손가락의 움직임도 손목과 함께 자연스럽게 다음 음으로 넘어가도록 합니다.

2. 스타카토 (•)

주어진 음 길이보다 절반 정도의 짧은 길이로 치라는 뜻이지만 일반적으로 짧고 가벼운 느낌으로 연주합니다.

3. 스타카티시모 (▾)

스타카토보다 짧게 치지만 악센트를 주어서 좀 더 강한 느낌으로 연주합니다.

4. 논 레가토

레가토로 연주하지 말라는 뜻으로 레가토 표시가 없는 악보의 일반적인 연주 방법입니다.

5. 악센트 (>)

보통 한 음을 강하게 치라는 뜻이며 악센트 기호 중에서 > 는 ∧ 보다 더 크고 세게 칩니다.

sf 는 > 보다 약간 더 크게 강조하고 는 음을 강조하되 약간 음을 끌면서 연주합니다.

13

클레멘티 소나티네

Op. 36, No. 2 제3악장

빠르기 : **Allegro** (알레그로, 빠르게)

박자 : $\frac{3}{8}$ 박자

형식 : 겹세도막 형식

주요 연습

- 밝고 경쾌한 곡이지만 B 부분은 노래하듯이 부드럽게 표현
합니다.
- 슬러와 스타카토가 잘 대비되어 표현되도록 연습합니다.

Clementi Sonatine

 스타카토와 슬러가 번갈아가며 나오므로 확실히 구분되도록 연주합니다.
① 리듬을 정확히 지켜서 연주합니다.
② 왼손 스타카토는 오른손보다 크지 않고 가볍게 연주합니다.

③ 박자가 흐트러지지 않게 주의하며 연주합니다.

④ 왼손은 반주이므로 조금 작게, 그러나 박자를 정확히 지켜서 연주합니다.

⑤ 한 마디 3박을 쉬는 것이 아니라 충분히 쉬어준 후 다음 마디로 넘어갑니다.
⑥ 오른손 손목의 회전을 이용하고, 악센트는 너무 강하지 않게 연주합니다.

⑦ 16분음표와 8분음표의 박자가 흐트러지지 않도록 주의합니다.
⑧ 화음을 스타카토로 칠 때 음이 고르고 정확하게 들리도록 합니다.

14

쿨라우 소나티네

Op. 20, No. 1 제3악장

빠르기 : **Allegro** (알레그로, 빠르게)

박자 : $\frac{2}{4}$ 박자

형식 : 론도 형식

주요 연습

- 계속되는 6도 겹음은 두 음이 동시에 들리도록 하면서 윗 음을 좀 더 크게 연주합니다.
- 왼손의 화음 반주와 16분음표의 펼침화음 반주는 오른손 멜로디 보다 조금 작게 연주합니다.

Kuhlau Sonatine

여러 가지 형태의 왼손 반주는 빠르기가 흔들리지 않도록 하고 오른손보다 조금 작게 연주합니다.

① 왼손 화음 스타카토는 가볍고 탄력있게 연주합니다.

② 슬러의 느낌을 살려서 화음을 부드럽게 이어줍니다.

③ 왼손 반주도 f로 연주하되 오른손 멜로디보다 크지 않게 주의합니다.

(3)
(3)
32
dim.
쉼표의 박자를 정확히
A
36
p
40
f
1
3
44
③
legato

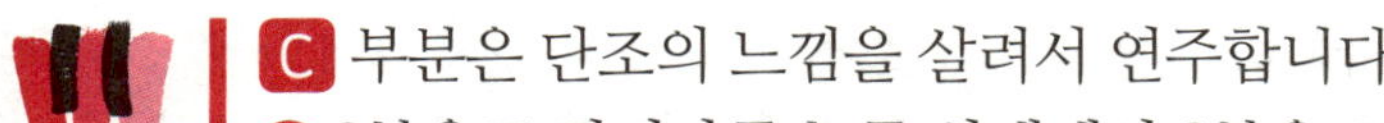

C 부분은 단조의 느낌을 살려서 연주합니다.

④ 2분음표 길이만큼 누른 상태에서 8분음표 겹음 스타카토는 가볍게 연주합니다.

⑤ 75마디까지 자연스럽게 서서히 작아지게 연주합니다.
⑥ 손가락 넘기는 부분이(1-2) 자연스럽게 연결되고 박자가 고르도록 주의합니다.

 ⑦ 리듬을 정확히 하고 박자가 흐트러지지 않도록 주의합니다.

 ⑧ 아르페지오가 올라가면서 작아지는 것을 잘 표현합니다.
⑨ 오른손의 음들이 정확하고 고르게 들리도록 하고 박자에 주의합니다.

왼손 화음의 변화를 느껴가며 연주하되 오른손보다 크지 않도록 주의하여 연주합니다.

 ⑩ p에서 f까지 셈여림의 변화를 잘 표현하도록 합니다.

 음계 연주할 때 손가락 번호에 주의하며 매끄럽게 연주되도록 합니다.
⑪ 셈여림이 *ff* 로 매우 세게 연주하지만 화음이 지저분하게 들리지 않도록 주의합니다.

🎼 손가락의 힘과 손목의 유연성

손가락의 힘을 기르기 위해서 손가락을 높이 들어 올
려 치는 방법을 많이 사용합니다. 이 때, 손가락을 올
리고 내릴 때의 손가락 자세만 주의하면 힘을 기르는
좋은 방법입니다.

주의할 점은 손가락을 올리고 내리면서 건반을 타건
할 때, 타건하지 않는 나머지 손가락도 함께 움직여야
합니다. 그렇지 않으면 손목에 힘이 들어가서 유연하
게 움직일 수 없습니다.

또한 어깨는 편안하게 내려와 있는지 자주 점검하면
서 연습하고 손모양은 동그랗게, 팔은 자유롭게 해주
어야 합니다.

15

클레멘티 소나티네
Op. 36, No. 2 제1악장

빠르기 : **Allegretto** (알레그레토, 조금 빠르게)

박자 : $\frac{2}{4}$ 박자

형식 : 소나타 형식

제시부	전개부	재현부
제1, 2주제	주제의 발전	주제의 재현

주요 연습

· 못갖춘마디의 곡이므로 첫 음은 약박으로 가볍게 시작합니다.

· 음계부분은 그 부분만 천천히 연습하며 빠르기와 소리가 고르도록 연습합니다.

Clementi Sonatine

 악센트(>)는 손가락을 들어 위에서 아래로 내리치되 너무 세게 치지 않도록 주의합니다.

① 여리게 치지만 소리가 고르게 들리도록 주의합니다.

② 리듬을 정확하게 지켜서 연주합니다.

 ③ 왼손 손목을 좌우로 회전하여 자연스럽게 연결되도록 합니다.
④ 겹음 스타카토는 무겁지 않게 연주합니다.

⑤ 스타카토를 친 다음 오른손은 포물선을 그리듯이 위로 옮겨서 음을 정확히 누릅니다.
⑥ 소리가 점점 커지지 않도록 주의합니다.

크고 고르게 소리내기

반음계 연주

손모양

1) 반음계를 칠 때는 손 모양이 동그랗게 되도록 오므려야 합니다.

2) 손 모양을 동그랗게 오므리면 건반을 미끄러지듯이 반음계를 연주할 수 있습니다.

3) 손 모양을 동그랗게 만들기 위해서는 흰건반을 칠 때, 흰건반의 안쪽을 치는 것이 좋습니다.

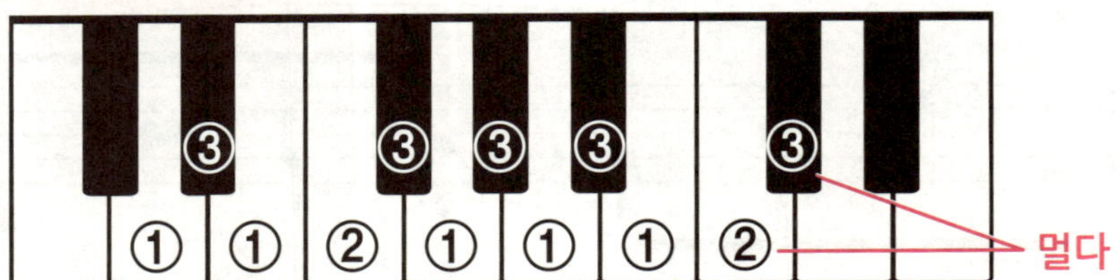

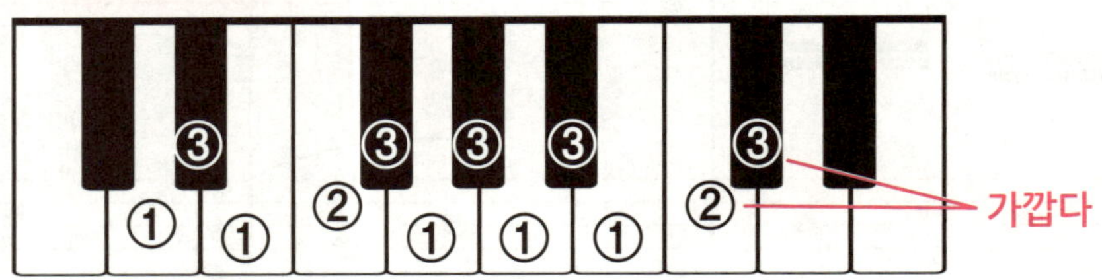

16

클레멘티 소나티네
Op. 36, No. 3 제1악장

빠르기 : **Spiritoso** (스피리토소, 활기있게)

박자 : **C** ($\frac{4}{4}$박자)

형식 : 소나타 형식

제시부	전개부	재현부	코다
제1, 2주제	주제의 발전	주제의 재현	곡 마무리

주요 연습

- 제1주제는 밝고 활기있게, 제2주제는 노래하듯이 부드럽게 표현합니다.
- 스타카토는 손목의 탄력을 이용하여 깨끗하게 짧게 끊어서 연주합니다.

Clementi Sonatine

① 오른손 첫 음은 테누토하는 느낌으로 연주합니다.

② 박자를 정확히 지키고 화음 스타카토는 윗성부가 잘 들리도록 합니다.

③ 스타카토를 가볍고 통통 튀는 느낌으로 연주합니다.

27~30마디는 점점 세게 연주하고 31~35마디는 점점 여리게 연주합니다.
❹ 왼손 반주는 오른손보다 조금 작게, 음이 고르게 들리도록 연주합니다.

전개부
legato

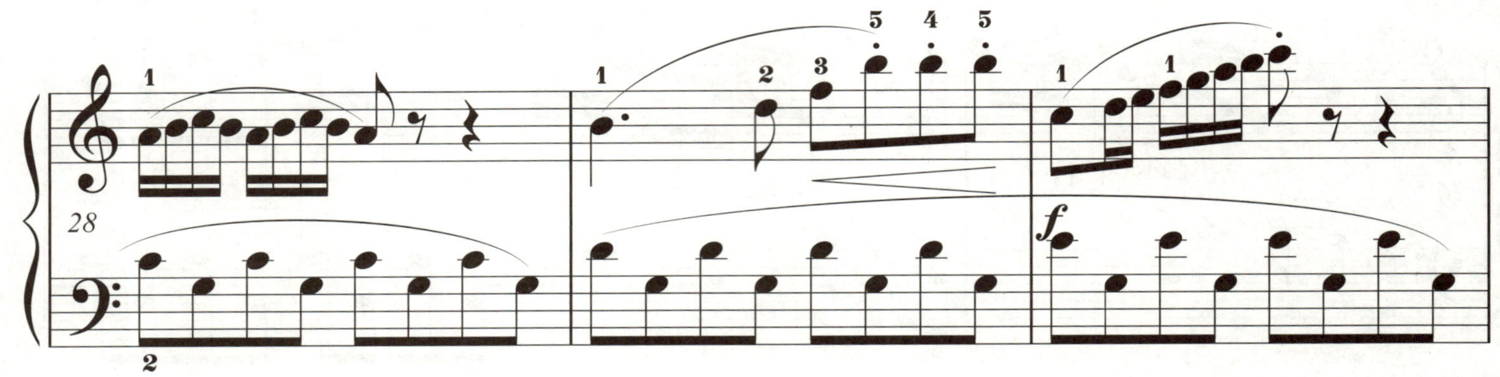

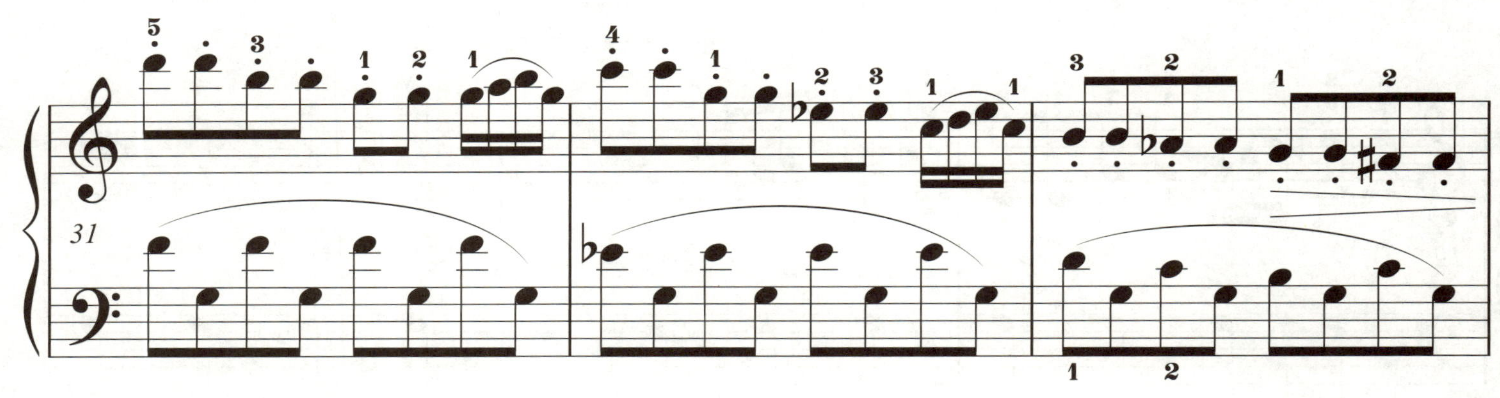

스타카토는 작고 탄력있게
재현부 제1주제

⑤ 계속되는 오른손 겹음 스타카토는 어려우므로 처음에는 스타카토 없이
충분히 연습한 후 스타카토를 넣어서 연습하면 효과적입니다.

⑥ *cresc.*를 표현할 때 박자가 흐트러지지 않도록 왼손을 정확한 박자에 치고
왼손의 박자에 맞추어 오른손을 연주합니다.

17

클레멘티 소나티네
Op. 36, No. 4 제1악장

빠르기 : **Con spirito** (콘 스피리토, 활기있게)

박자 : $\frac{3}{4}$ 박자

형식 : 소나타 형식

제시부	전개부	재현부	코다
제1, 2주제	제2주제의 발전	제1, 2주제	곡 마무리

주요 연습

- 제1주제의 왼손 옥타브 반주는 손목의 회전을 이용하여 당당하게 표현하되 멜로디보다 커지지 않도록 합니다.
- 제2주제에서는 쉼표의 길이를 정확히 지켜 연주하며 전개부에서는 오른손 부분 연습을 한 후 양손 함께 연주합니다.

Clementi Sonatine

① 레가토로 부드럽게 이어서 연주하며 프레이즈가 끝나는 음은 힘을 빼고
손목을 살짝 들어 올립니다.

② 쉼표의 길이를 정확히 지켜서 연주하고, 스타카토를 가볍고 짧게 표현하며 점차적으로 세게
연주합니다.

③ 왼손 반주의 선율 진행을 느끼며 연주합니다.

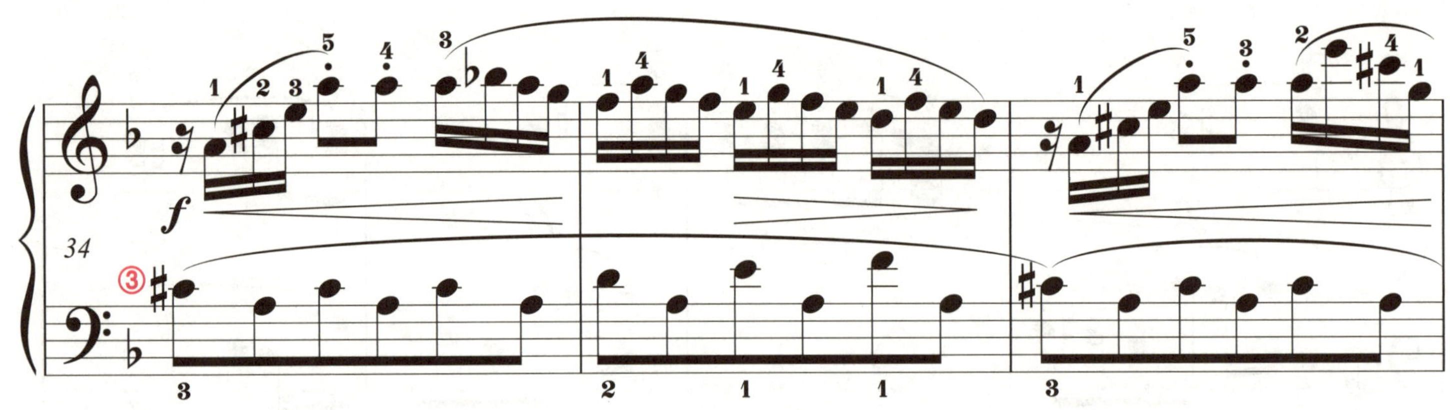

셈여림이 변화할 때(◁, ▷) 오른손 멜로디와 왼손 반주가 함께 커지고 작아지도록 합니다.

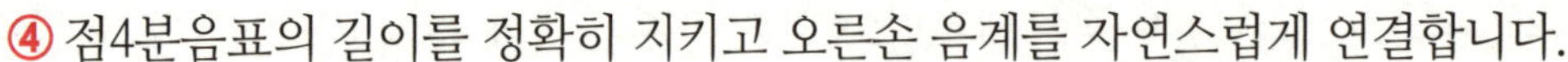

④ 점4분음표의 길이를 정확히 지키고 오른손 음계를 자연스럽게 연결합니다.

18

두섹 소나티네

Op. 20, No. 1 제2악장

빠르기 : **Allegretto Tempo di Minuetto**
(알레그레토 템포 디 미누에토, 조금 빠른 미뉴에트의 빠르기로)

박자 : $\frac{3}{8}$ 박자

형식 : 론도 형식

주요 연습

• 사장조로 시작하여 C부분에서 같은 으뜸음조인 사단조로 전조
됩니다. 조표에 주의하며 느낌을 달리하여 연주합니다.

Dussek Sonatine

Allegretto Tempo di Minuetto

Ⓐ 부분의 부점 리듬을 잘 살려서 연주하고 스타카토를 가볍게 끊어 줍니다. 또한 반복되는 멜로디는 셈여림을 달리하여 변화있게 표현합니다.

Ⓑ 부분의 오른손 멜로디는 부드럽게, 왼손 반주는 슬러를 잘 살려서 연주합니다.

C 부분은 조표와 임시표에 주의하며 당당하게 표현합니다.
① 왼손 반주의 선율 진행을 느끼며 연주합니다.
Minore
C
①

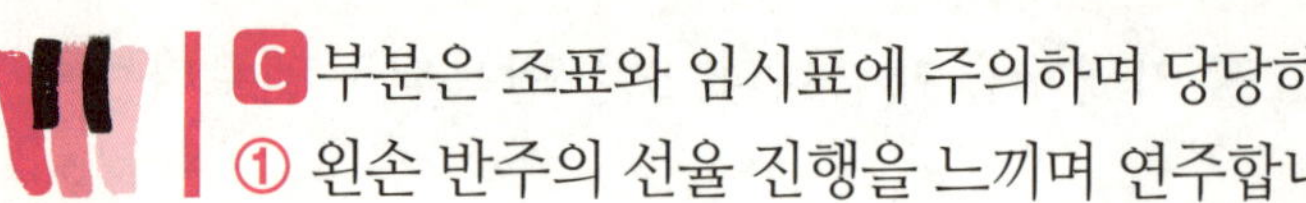

② 67마디의 f 까지 서서히 커질 수 있도록 합니다.
③ 두 화음 이음줄을 잘 살려서 연주합니다.

A 부분은 밝고 경쾌한 느낌으로, B 부분은 부드러운 느낌으로 느낌을 달리하여 연주합니다.
셈여림도 f와 p로 대조있게 표현합니다.

 ④ 짧은앞꾸밈음 연주시 꾸밈음에 악센트가 들어가지 않도록 주의합니다.

🎼 손목의 회전

'손목의 회전'이란 손목을 좌우로 움직이는 터치를 말합니다.
예를 들어 반짝반짝 율동할 때나 문의 둥근 손잡이를 돌릴 때의 동
작입니다.

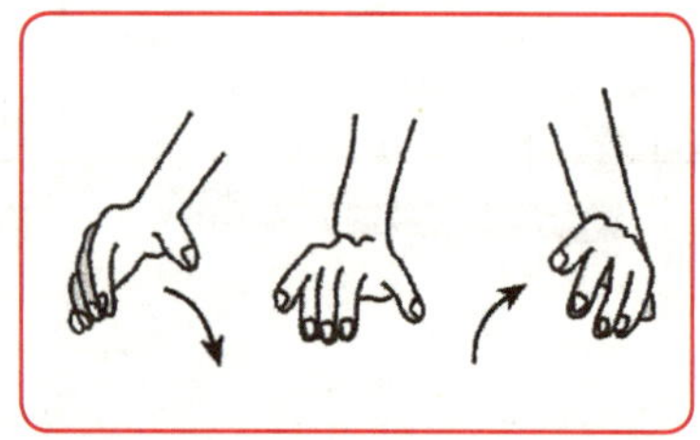

트레몰로(Tremolo)와 같은 음형은 손목의 회전을 이용하면 손가락
만으로 칠 때보다 훨씬 쉽고 편하게 연주할 수 있습니다.
보다 넓은 음역이나 큰 다이내믹에서는 손목뿐만 아니라 팔 전체를
돌려서 치기도 합니다. 그러면 리듬에 활기가 생기며 풍부한 소리
도 낼 수 있습니다.

19

클레멘티 소나티네
Op. 36, No. 5 제3악장

빠르기 : **Allegro di Molto** (알레그로 디 몰토, 매우 빠르게)

박자 : $\frac{2}{4}$ 박자

형식 : 론도 형식

주요 연습

- 빠르고 경쾌한 곡의 느낌을 살려서 맑은 음색의 소리가 나도록 연습합니다.
- 4마디를 하나의 프레이즈로 생각하고 연주합니다.

Clementi Sonatine

Allegro di molto

 **A** 부분의 순차진행하는 16분음표의 멜로디를 빠른 템포로 연주할 때 고르게 연주합니다.

① 반복되는 멜로디는 셈여림을 *f*로 하여 표현합니다.

② 24~26마디는 첫 음을 약간 강조하여 연주합니다.

③ 왼손 아르페지오는 손목을 이용하여 부드럽게 연결합니다.
④ 양손 화음에서 나오는 느낌을 살려서 경쾌하게 연주합니다.

코다
점점 세게 연주하기

 C 부분은 분위기를 바꾸어 셈여림을 작게 하되 양손의 선율 진행을 느끼며 연주합니다.
⑤ 오른손의 스타카토와 대조되게 레가토로 연주합니다.

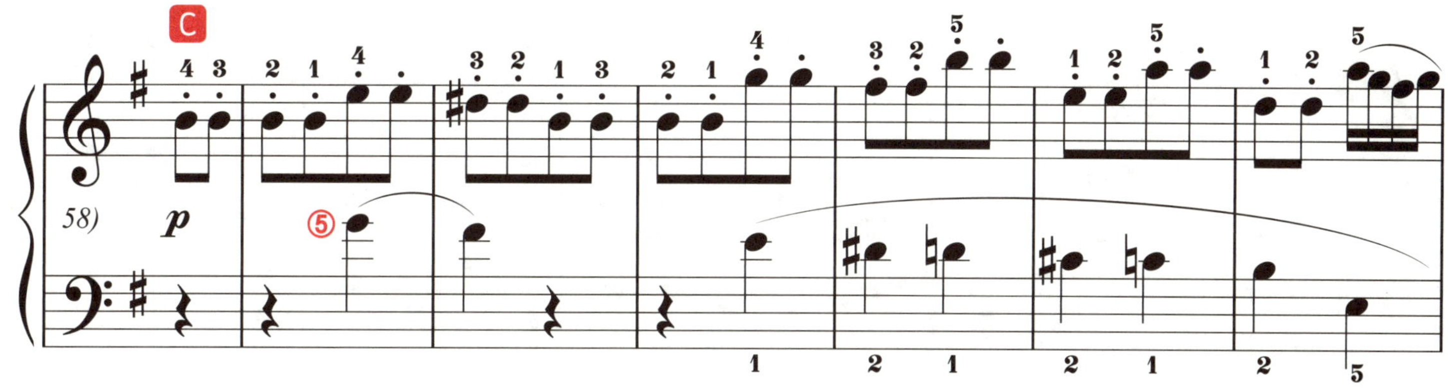

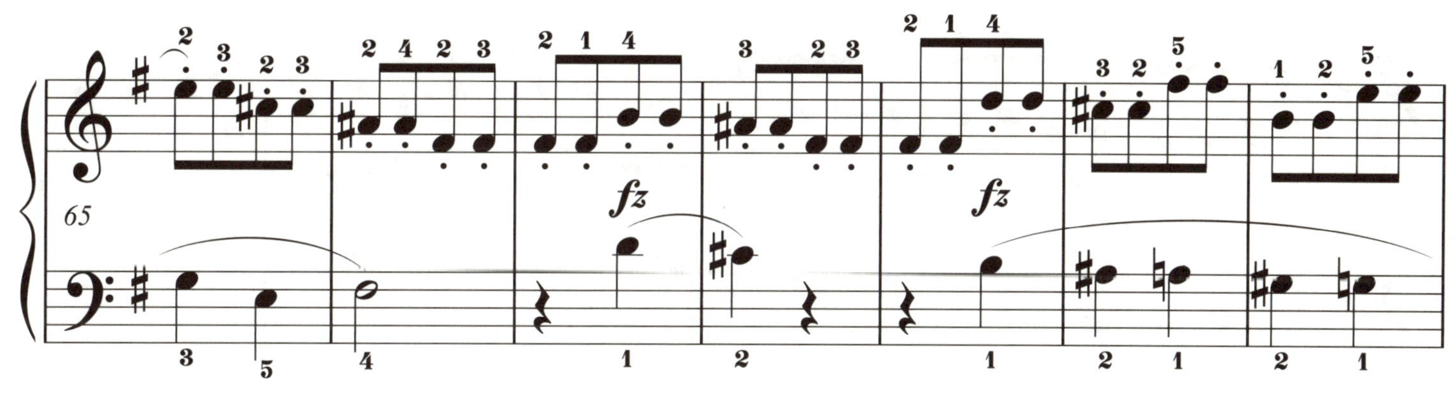

⑥ 바뀌는 오른손 손가락 번호에 주의하여 가볍게 스타카토로 연주합니다.
marcato(마르카토) – 음 하나 하나를 강조하여

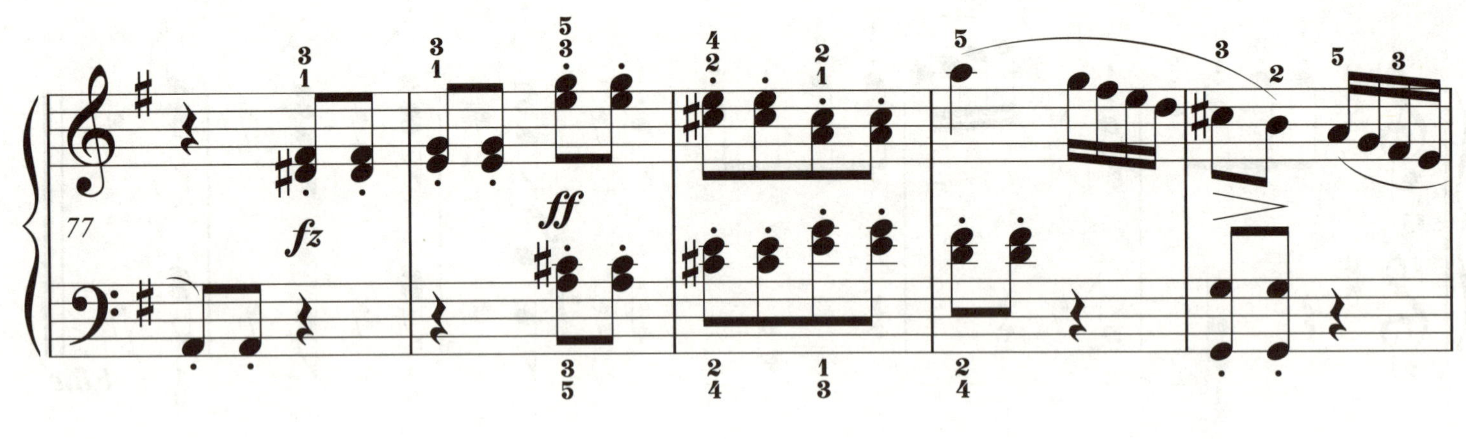

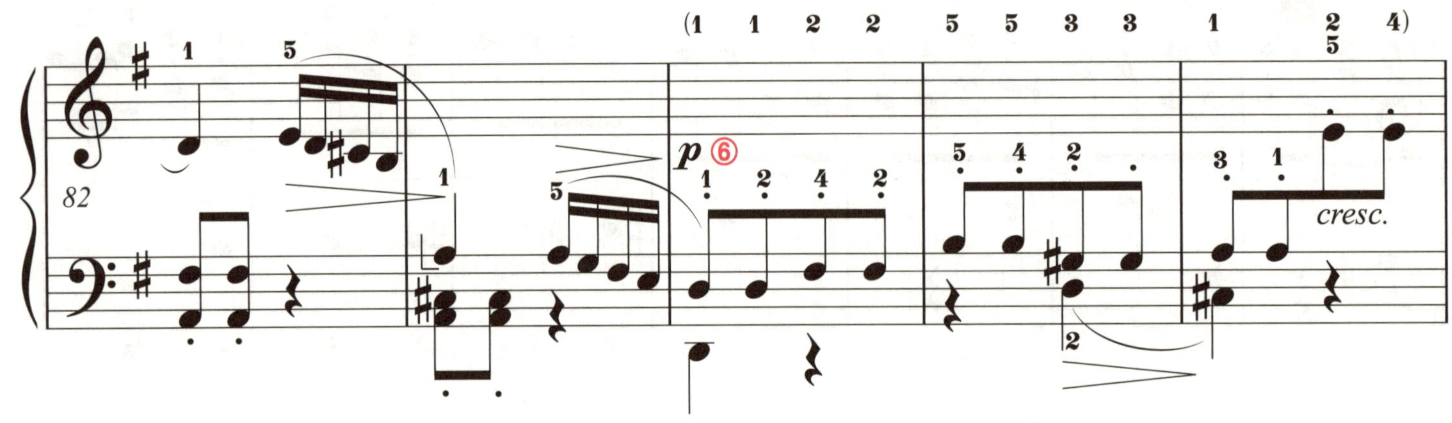

왼손은 점점 세게
왼손은 레가토로

marcato

 ⑦ *mf*에서 자연스럽게 서서히 *pp*로 작아지게 연주합니다.(106~111마디)
왼손 반주도 멜로디와 함께 서서히 작아질 수 있도록 주의합니다.

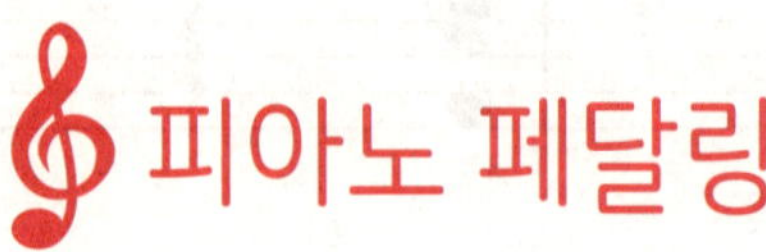 피아노 페달링

페달 사용의 기본은 오른발을 바닥에 고정시키고 발의 앞부분으로 밟는 것입니다. 이 때, 발뒤꿈치가 반드시 바닥에 닿아야 합니다. 또한, 몸의 균형을 잡기 위해서 왼발을 대각선 방향으로 약간 뒤에 놓는 것이 좋습니다.

페달링의 종류

페달을 밟는 타이밍에 따라 다음과 같이 분류해 볼 수 있습니다.

1) 리듬 페달

리듬을 강조하기 위해 쓰는 페달로, 음을 누름과 동시에 페달을 밟고 손을 떼는 동시에 발도 뗍니다.

2) 레가토 페달

두 음이나 화음을 부드럽게 이어주기 위해 쓰는 페달로 가장 많이 사용되는 방법입니다. 먼저 화음을 친 후 그 화음의 소리를 페달로 잡아줍니다. 그 다음 화음을 치는 순간 페달을 떼었다가 바로 밟습니다.

3) 어쿠스틱 페달

음을 풍족하고 둥글게 소리 나도록 사용하는 페달로 건반을 타건하기 바로 전에 페달을 밟습니다.

20

쿨라우 소나티네
Op. 55, No. 3 제1악장

빠르기 : **Allegro con spirito** (알레그로 콘 스피리토, 빠르고 생기있게)

박자 : **C** ($\frac{4}{4}$박자)

형식 : 소나타 형식

제시부	전개부	재현부	코다
제1, 2주제	주제의 발전	주제의 재현	곡 마무리

주요 연습

- 계속되는 6도 겹음은 두 음이 동시에 들리도록 하면서 윗 음을 좀 더 크게 연주합니다.
- 제2주제는 부드럽게 표현합니다.

Kuhlau Sonatine

Allegro con spirito

Op. 55, No. 3, 제1악장

 여러 가지 음형이 나오므로 각각의 음형 특징을 살려서 표현합니다.

① 양손 함께 어우러지는 화음을 느끼며 연주합니다.

② 왼손 반주의 박자가 흐트러지지 않도록 주의하며 연주합니다.

 ③ 왼손 스타카토는 가볍고 탄력있게 연주합니다.
④ 올라가는 음들을 박자에 맞추어 레가토로 연주합니다.

⑤ 음표와 쉼표의 길이를 정확히 지켜서 연주합니다.
⑥ 화음이 어우러져 잘 들리도록 주의하여 연주합니다.

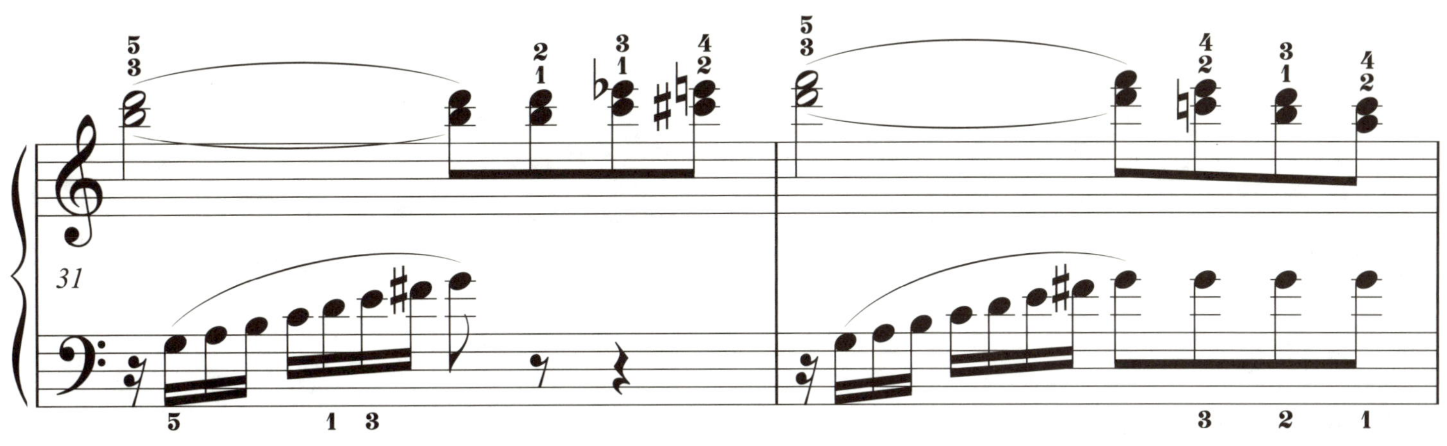

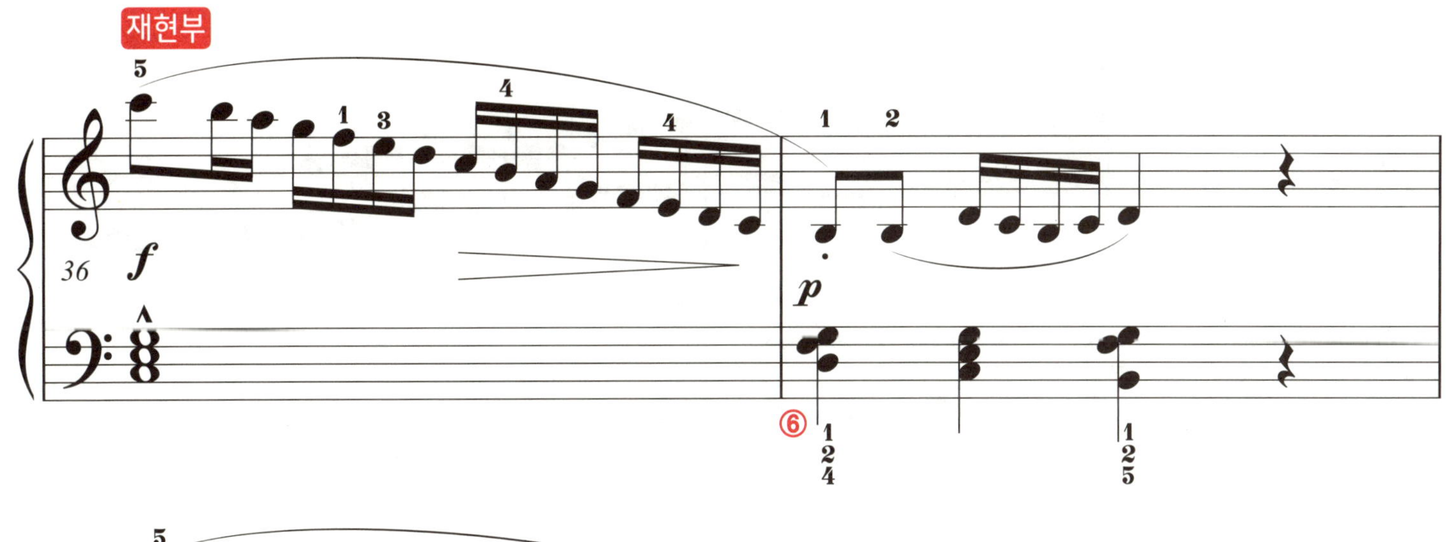

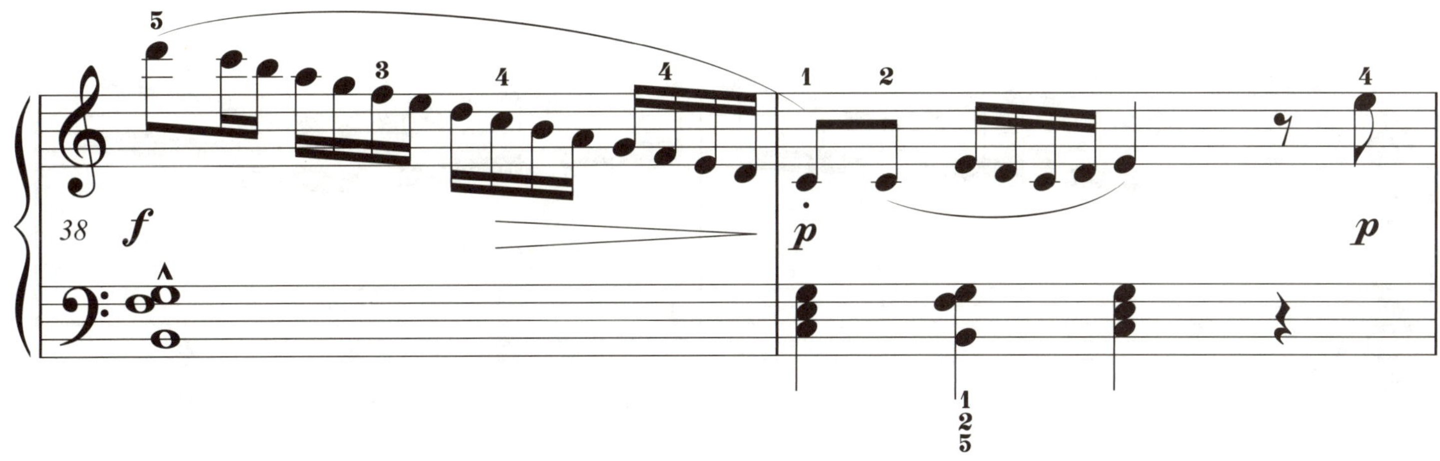

제2주제 의 왼손 반주는 고르게 하고 박자가 흐트러지지 않도록 주의합니다.
⑦ 스타카토 다음에 나오는 악센트는 무겁지 않도록 주의합니다.

제2주제
⑦
40
43
cresc.
45
박자가 빨라지지 않게
f
47
왼손 화음은 가볍게

⑧ 오른손과 왼손의 화음이 잘 어우러져 들리도록 연습합니다.

⑨ 코다 부분은 손가락 번호에 주의하여 천천히 연습하면 도움이 됩니다.

127

작품 번호

클래식 곡에 붙는 번호에는 크게 두 가지가 있습니다. 하나는 장르별 일렬 번호이고 또 하나는 그 작곡가의 모든 작품에 차례대로 붙이는 작품 번호 Op.(Opus)입니다.

만약 작곡가가 처음 작곡한 작품이 교향곡이었다면 그 곡은 교향곡 1번이 됨과 동시에 Op. 1이 됩니다. 두 번째로 작곡한 작품이 피아노 소나타였다면 그 곡은 피아노 소나타 제1번이 되며 Op. 2가 됩니다.

작품 번호로 Op.를 사용하지 않는 예는 다음과 같습니다.

- 바흐 – BWV.
  바흐의 작품 번호는 BWV(Bach Werke Verzeichnis)로 다른 작품 번호와는 달리 장르별로 구분해서 정리 되었습니다.

- 모차르트 – K.(KV.)
  쾨헬(Köchel)에 의해 악보가 정리되었기 때문에 쾨헬의 이름을 따서 K. 또는 KV.로 표기합니다.

- 하이든 – Hob.
  음악학자 호보켄(Hoboken)에 의해 악보가 정리되었기 때문에 Hob.로 표기합니다.

  그 외에 슈베르트는 'D.', 스카를라티는 'K.(L.)' 등으로 작품 번호를 표기합니다.

21

클레멘티 소나티네

Op. 36, No. 4 제3악장

빠르기 : **Allegro vivace** (알레그로 비바체, 아주 빠르게)

박자 : $\frac{2}{4}$박자

형식 : 겹세도막 형식

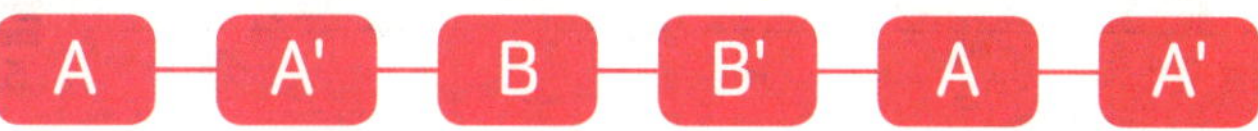

주요 연습

- 여섯잇단음표의 리듬을 특징으로 하는 빠른 곡입니다. 처음에는 적당한 속도로 음계, 아르페지오 등을 부분 연습해 가며 연주합니다.

Clementi Sonatine

① 여섯잇단음표 후에 이어지는 8분음표의 길이를 정확히 지켜서 연주합니다.

② 왼손과 오른손을 이어서 한 프레이즈로 연주합니다.

③ 4분쉼표의 정확한 길이를 지켜서 연주합니다.　④ 

⑤
⑥

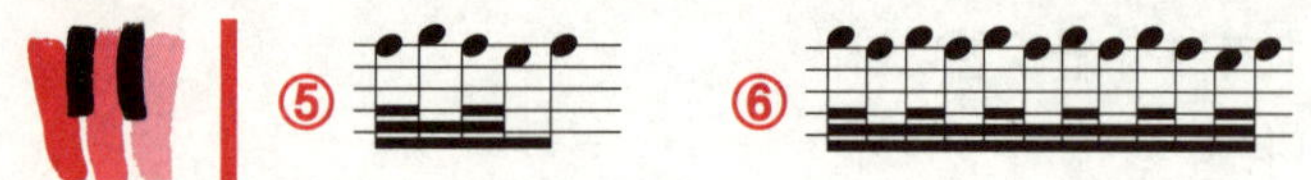

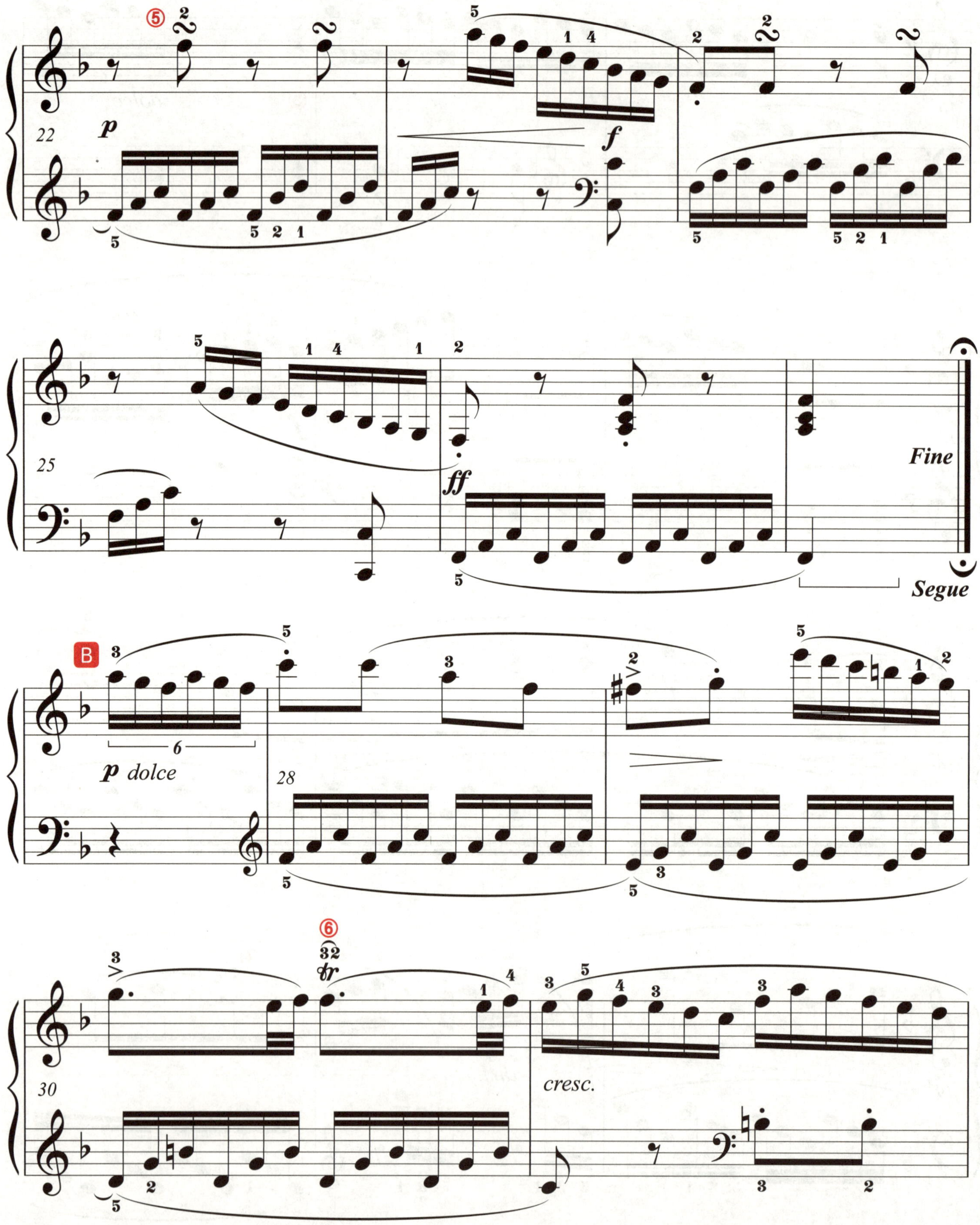
Fine
Segue
B
p dolce
cresc.

 ⑦ 양손 서로 주고받듯이 연주하되 자연스럽게 연결이 되도록 합니다.

 ⑧ 손목의 회전을 이용하여 아르페지오를 연주하되 처럼 악센트가 들어가지 않도록 합니다.

22

쿨라우 소나티네

Op. 55, No. 2 제3악장

빠르기 : **Allegro** (알레그로, 빠르게)

박자 : $\frac{2}{4}$ 박자

형식 : 겹세도막 형식

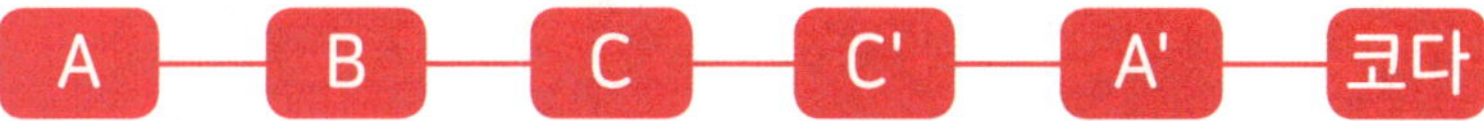

주요 연습

- 오른손 음계가 계속되므로 프레이즈가 끝날 때 손목의 힘을 빼서 피로감을 줄이도록 합니다.
- 오른손 음계는 한 음 한 음 정확하게 들리도록 천천히 연습하고 그 다음에 레가토로, 마지막에는 악상기호를 넣어서 연주합니다.

Kuhlau Sonatine

 ① 올라가는 음계는 점점 세게, 내려오는 음계는 점점 여리게 표현합니다.
② 왼손 스타카토가 오른손 멜로디보다 커지지 않고 고르게 연주되도록 주의합니다.

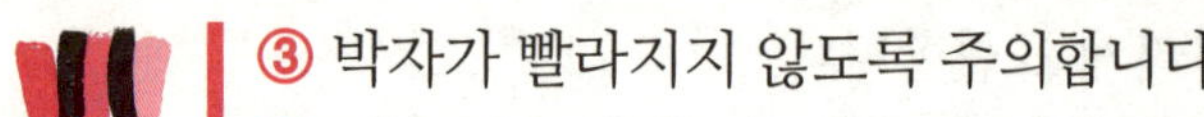

③ 박자가 빨라지지 않도록 주의합니다.
④ 왼손 아르페지오는 손목의 회전 운동을 이용하여 자연스럽게 연결합니다.

⑤ 음표와 쉼표의 길이를 정확히 지켜서 연주합니다.
⑥ 반음계는 각 음이 고르게 들리도록 연주합니다.
박자가 흐트러지지 않게
C'

⑦ 프레이즈가 끝나는 부분은 손목을 살짝 들어줍니다.
⑧ 8분음표 다음의 4분음표는 악센트가 들어가지 않도록 주의합니다.
cresc.
박자가 빨라지지 않게 주의
dim.
cresc.
dim.

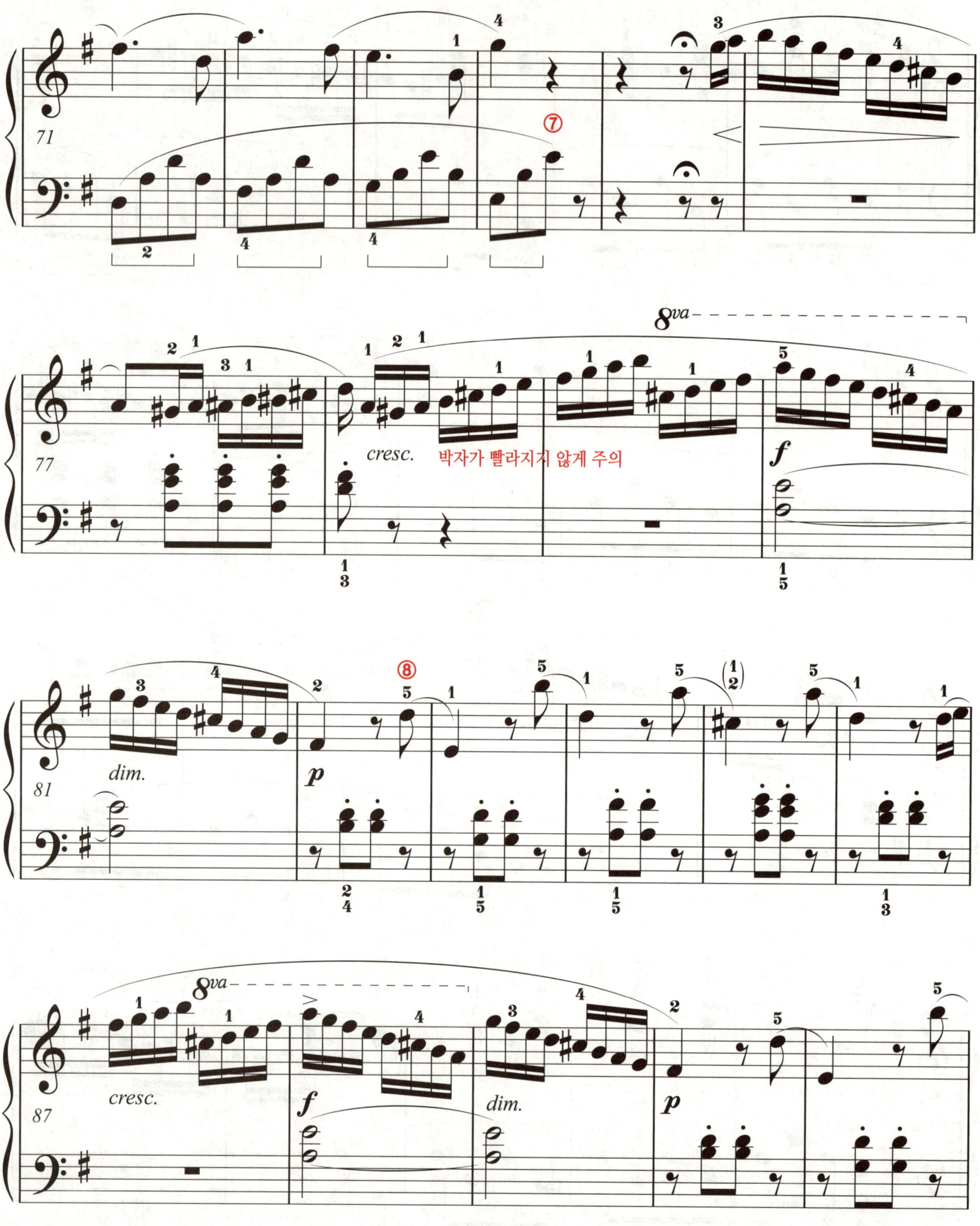

 ❾ 오른손 페르마타를 계속 누른 상태에서 왼손 페르마타 음을 충분히 늘인 뒤에
양손을 동시에 건반에서 떼어줍니다.

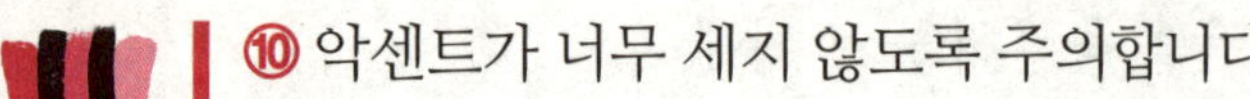

⑩ 악센트가 너무 세지 않도록 주의합니다.

⑪ 2분음표 화음은 손목을 내려서 깊이 누르고, 그 다음 4분음표 화음은 손목을 살짝 올려서 연주합니다.

23

클레멘티 소나티네

Op. 36, No. 6 제1악장

빠르기 : **Allegro con spirito** (알레그로 콘 스피리토, 빠르고 생기있게)

박자 : **C** ($\frac{4}{4}$박자)

형식 : 소나타 형식

제시부	전개부	재현부	코다
제1, 2주제	주제의 발전	주제의 재현	곡 마무리

주요 연습

- 여러 가지 음형이 나오므로 박자가 흐트러지지 않도록 주의합니다.
- 조표와 임시표 등으로 어려운 부분은 손가락 번호에 신경 쓰면서 따로 연습하면 도움이 됩니다.

Clementi Sonatine

① 못갖춘마디로 여리게 시작하지만 점점 세게와 점점 여리게를 잘 표현합니다.
② 음계는 먼저 천천히 연습하되 하농처럼 리듬 형태를 바꾸어서 연습하면 도움이 됩니다.

제2주제 에서 오른손 멜로디는 부드럽게 이어서 연주하고 왼손은 작지만 고르게 연주합니다.
③ 페달도 스타카토처럼 짧게 밟습니다.

제2주제
p dolce

④ 두 마디를 한 프레이즈로 나누어 점점 세게 연주합니다.
왼손 스타카토는 한 음이 반복되지만 각각의 음이 잘 들리도록 하고
일정한 박자가 되도록 주의합니다.

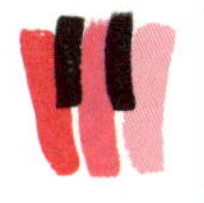

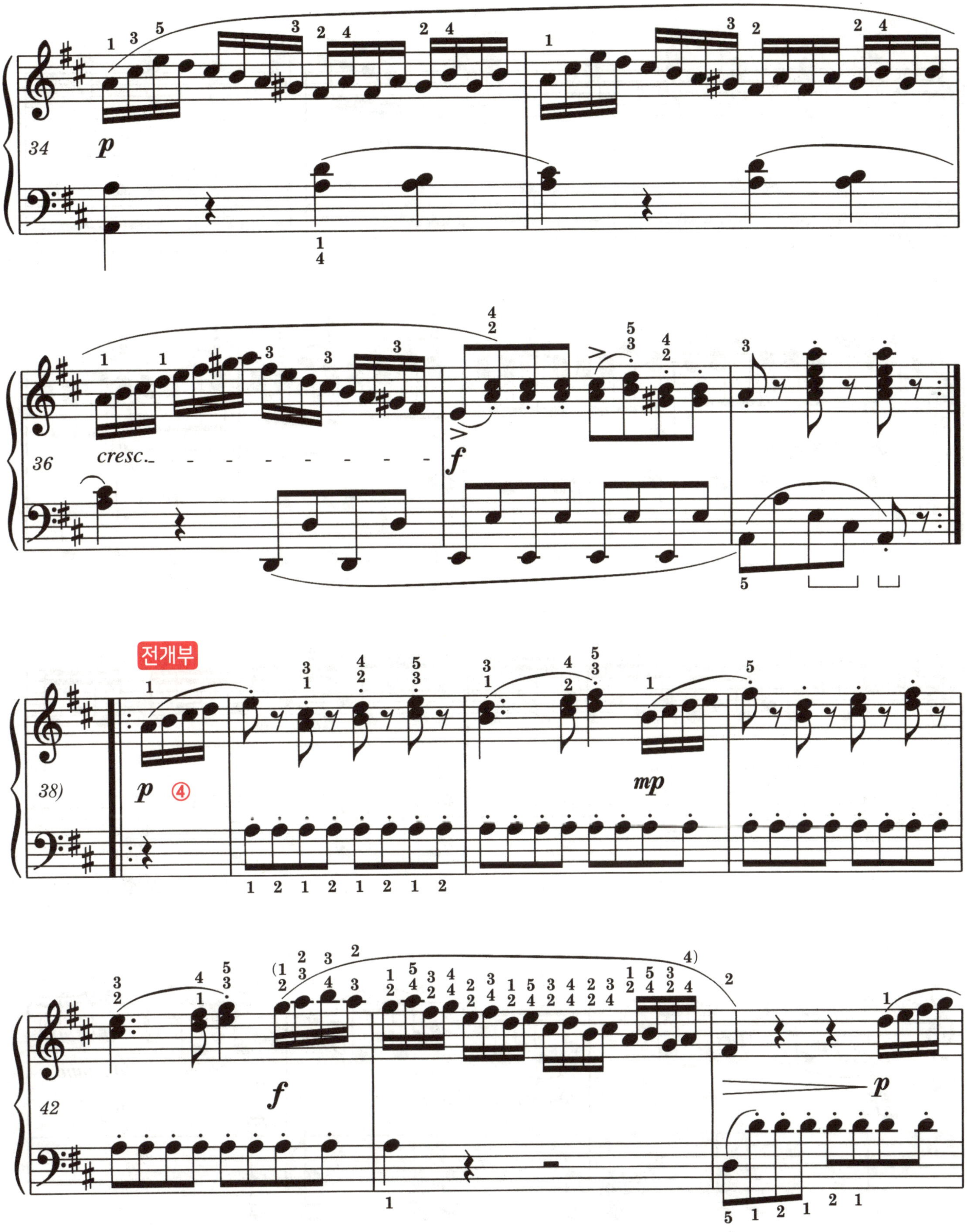

⑤ 먼저 다음과 같이 연습하고 난 다음 슬러와 스타카토를 넣어서 연주합니다.

45
mp
48
f p
f

52

재현부 제1주제

54
ff
dim. e poco ritard.
p
a tempo
dolce

 ⑥ 음계 연주시에는 팔을 돌리지 말고 손목을 유연하게 움직이면 도움이 됩니다.

⑦ 왼손 옥타브는 손목의 움직임을 이용하고 ♩♩♩♩ 리듬의 첫 음에
악센트를 넣어서 연주합니다.

⑧음계 연주에서 손가락이 바뀌는 부분에서 박자가 느려지지 않도록 주의합니다.

82
cresc.
84
ff
코다
86
p 작지만 부드럽게
88
f

발행일 2025년 3월 20일
발행인 남 용
발행처 일신서적출판사
주 소 서울시 마포구 독막로 31길 7
등 록 1969년 9월 12일 (No. 10-70)
전 화 (02) 703-3001~5 (영업부)
       (02) 703-3006~8 (편집부)
F A X (02) 703-3009
I S B N 978-89-366-2904-5 (93670)